Stundenblätter
Die Russische Revolution und die innere Entwicklung
der Sowjetunion bis zum XX. Parteitag

Wolf-Rüdiger Größl/Harald Herrmann

Stundenblätter
Die Russische Revolution
und die innere Entwicklung
der Sowjetunion
bis zum XX.Parteitag

Sekundarstufe II

30 Seiten Beilage

Ernst Klett Verlag

Die Stundenblätter Geschichte/Gemeinschaftskunde
werden herausgegeben von:
Prof. Gerhart Maier und Dr. phil. Hans Georg Müller

CIP-Kurztitelaufnahme der Deutschen Bibliothek

Größl, Wolf-Rüdiger:
Stundenblätter Die Russische Revolution
und die innere Entwicklung der Sowjetunion
bis zum XX. Parteitag:
Sekundarstufe II / Wolf-Rüdiger Größl; Harald Herrmann.
3. Aufl. – Stuttgart: Klett, 1987. & Beil.
  (Stundenblätter Geschichte, Gemeinschaftskunde)
  ISBN 3-12-927651-3

NE: Herrmann, Harald:

ISBN 3-12-927651-3

3. Auflage 1987
Alle Rechte vorbehalten
Fotomechanische Wiedergabe nur mit Genehmigung des Verlages
© Ernst Klett Verlage GmbH u. Co. KG, Stuttgart 1980
Satz: G. Müller, Heilbronn
Druck: Wilhelm Röck, Weinsberg
Einbandgestaltung: Zembsch' Werkstatt, München

Inhalt

I. Allgemeine Vorbemerkung 7

II. Literaturverzeichnis 9

III. Beschreibung der Einzelstunden 12

  1. Ausgangsbedingungen für den Wandel in Rußland (4 Stunden) 12

    1./2. Stunde: Soziale und ökonomische Verhältnisse
                in Rußland vor 1917 12
    1. Stunde: Bauernbefreiung und Aufbau der Gesellschaft
                im zaristischen Rußland 12
    2. Stunde: Die Industrialisierung in Rußland und die Entstehung
                eines Proletariats 16
    3. Stunde: Vorrevolutionäre Tendenzen und die Revolution von 1905 23
    4. Stunde: Die Februarrevolution 29

  2. Die russische Oktoberrevolution und Lenins 'sozialistisches Experiment'
    (6 Stunden) 38

    5./6. Stunde: Lenins Theorie von Revolution und Partei im Vergleich
                zur Lehre von Karl Marx (Marxismus – Leninismus) 38
    7. Stunde: Lenins Aprilthesen und die Entwicklung
                zur Oktoberrevolution 45
    8. Stunde: Beurteilung der Oktoberrevolution 49
    9./10. Stunde: Die Wirtschafts- und Gesellschaftspolitik Lenins 53
    9. Stunde: Lenins sozialistisches Experiment:
                der sog. 'Kriegskommunismus' (1917–1921) 55
    10. Stunde: Die 'Neue Ökonomische Politik' NEP (1921–1928) 58

  3. Stalin und der Aufbau des 'Sozialismus in einem Lande' (6 Stunden) 61

    11. Stunde: Kontroversen innerhalb der Partei über den weiteren Weg
                (1924–1929): Die Auseinandersetzung Stalin – Trotzki 61
    12. Stunde: Die Kollektivierung der Landwirtschaft 66
    13. Stunde: Industrialisierung und 'Fünfjahrespläne' 74
    14. Stunde: Die sozialen Auswirkungen der Wirtschaftspolitik Stalins 76
    15. Stunde: Das System des 'Stalinismus': (1924–1956) 80
    16. Stunde: Der XX. Parteitag der KPdSU 1956 und die 'Entstalinisierung' ... 84

I. Allgemeine Vorbemerkung

1. Begründung des Themas

Die Oktoberrevolution 1917 und der von ihr ausgehende politische, soziale und ökonomische Wandel machten Rußland von einem 'Objekt' der Geschichte zu einem 'Subjekt', zur Führungsmacht in einem der 'Hauptblöcke' und zu einer Supermacht des 20. Jahrhunderts.

Der 1917 eingeleitete Wandel bedeutete aber auch den erstmaligen Versuch, die marxistische Theorie in die realpolitische Praxis umzuwandeln, mit allen daraus entstehenden Problemen.

Gerade aber die kritische Auseinandersetzung mit einem so andersartigen politischen und gesellschaftlichen System erleichtert es, das eigene besser zu erkennen, zu begreifen und auch kritisch zu beurteilen.

Allein aus diesen Gründen – sicherlich ließen sich noch weitaus mehr zur Begründung der vorliegenden Themenwahl finden – erscheint auch nach dem Gebot der Lehrpläne eine Beschäftigung mit dem 'Aufstieg der Sowjetunion zur Weltmacht' als unbedingt geboten.

2. Wahl der Schwerpunkte

Bei der Auswahl der Stundenthemen, die als Schwerpunkte in Frage kommen, ist jeder Lehrer selbstverständlich in seiner Entscheidung frei.

Die Verfasser bieten hier nur Beispiele an:
1. die Behandlung der Ausgangsbedingungen, da hier gezeigt werden kann, welche Ursachen für den Wandel in Rußland vorlagen, aber auch welche vielfältigen Schwierigkeiten das Modell einer sozialistischen Umgestaltung behinderten;
2. die Anpassung einer politischen, sozialen und ökonomischen Theorie an die gegebenen Verhältnisse in einem Staat und an deren fortlaufende Veränderung;
3. die Wirtschafts- und Gesellschaftspolitik Lenins als Versuch, die mannigfaltigen Probleme eines neu entstehenden politischen und sozioökonomischen Systems, das zudem von außen und innen bekämpft wurde, möglichst rasch zu lösen;
4. der Stalinismus als politisches, wirtschaftliches und theoretisches System, weil sich hier ein nahezu totaler Umbruch im gesellschaftlichen Bereich – starke Differenzierung in der sowjetischen Gesellschaftsstruktur –, im wirtschaftlichen – Kollektivierung und massive Industrialisierung (Aufgreifen der Formel 'Einholen und Überholen') – und im politischen Bereich – Bürokratisierung, Polizeistaat, dogmatische Ideologie mit 'demokratischem Zentralismus' – vollzog, der Auswirkungen für die gesamte Weltpolitik hatte.

3. Einsatzmöglichkeiten der Unterrichtsreihe

Den Verfassern erscheint es wichtig, darauf hinzuweisen, daß das vorliegende Unterrichtsmodell als Ganzes nicht nur für die Gestaltung des Unterrichts in der Sekundarstufe II Anwendung finden kann – zumal auch hier je nach den Forderungen der Lehrpläne Kürzungen vorgenommen werden müssen –, vielmehr kann das Modell bei geeigneter

Umstrukturierung der Texte und der Problemstellungen auch zur Richtschnur für den Unterricht in der Mittelstufe dienen. Ferner erscheint es möglich, die wirtschaftlichen Themen der Einheit auch im Leistungskurs zu verwenden.

Die beigefügten Texte stellen eine Auswahl allein aus der Sicht der Verfasser dar; sie ist jederzeit ergänzbar oder modifizierbar; auch können die Texte je nach Unterrichtslage oder Wunsch des Lehrers verkürzt werden.

II. Literaturverzeichnis

Quellen:

O. Anweiler, Die russische Revolution 1905–1921, Klett Verlag Stuttgart, 3/1977

H. Endlich, Die Russische Revolution 1917, Diesterweg Verlag Frankfurt/Main, 3/1977

I. Fetscher (Hg.), Lenin Studienausgabe, 2 Bde. Fischer Bücherei Frankfurt/Main, 1970

I. Fetscher, Von Marx zur Sowjetideologie. Darstellung, Kritik und Dokumentation des sowjetischen, jugoslawischen und chinesischen Marxismus, Diesterweg Verlag Frankfurt/Main, 20/1977

W. Goetz/W. Meyer, Freie und gelenkte Wirtschaft, Ploetz Arbeitsmaterialien, Freiburg/Würzburg 1976

W. Haseloff/W. Tent/W. Mitter, Die Union der Sozialistischen Sowjetrepubliken, Diesterweg Verlag Frankfurt/Main, 5/1975

W. Hellmann, Die russische Revolution 1917, dtv-dokumente, Deutscher Taschenbuch Verlag München, 1964

H.-G. Herrnleben, Totalitäre Herrschaft. Faschismus – Nationalsozialismus – Stalinismus, Ploetz Arbeitsmaterialien, Freiburg/Würzburg, 1978

H. Hoffacker, Materialien zum historisch-politischen Unterricht. Modelle des Sozialismus: Pariser Kommune, UdSSR, DDR, China, Metzler Verlag Stuttgart, 1978 (mit Lehrerband)

A. Karger, Die Sowjetunion als Wirtschaftsmacht, Diesterweg Verlag Frankfurt/Main, 6/1977

B. Krapp, Bauernnot in Rußland und bolschewistische Revolution, Klett Verlag Stuttgart, 3/1976

W. W. Mickel/W. Kampmann/B. Wiegand, Politik und Gesellschaft. Grundlagen und Probleme der modernen Welt, 2 Bde., Hirschgraben Verlag Frankfurt/Main, 7/1976

G. Niemetz, Marxismus im 20. Jahrhundert. Marx und seine Wirkungen auf die Welt der Gegenwart, Ploetz Arbeitsmaterialien, Freiburg/Würzburg, 1977

G. v. Rauch, Machtkämpfe und soziale Wandlungen in der Sowjetunion seit 1923, Klett Verlag Stuttgart, 3/1978

W. Ripper u. a., Weltgeschichte im Aufriß, Bd. 2, Diesterweg Verlag Frankfurt/Main, 1974

W. Ripper u. a., Weltgeschichte im Aufriß, Bd. 3/1, Diesterweg Verlag Frankfurt/Main, 1976

R. Thomas, Marxismus und Sowjetkommunismus. Kontinuität und Wandlung. Teil II: Sowjetkommunismus, Klett Verlag Stuttgart, 1978

Darstellungen für die Unterrichtsvorbereitung:

1. Informationen zur politischen Bildung, Hg. Bundeszentrale für politische Bildung, Bonn:

Nr. 113/115; K. H. Ruffmann, Die Sowjetunion (Neudruck 1977)

Nr. 139; A. Karger, Sowjetunion – Land und Wirtschaft, E. Clauser, Das Thema im politischen Unterricht

Nr. 151; H. Lemberg, Geschichte Rußlands und der Sowjetunion, R.-P. Habbig, Rußland und die Sowjetunion im historisch-politischen Unterricht

Nr. 178; W. Leonhard, Kommunistische Ideologie I

2. Allgemeine Literatur:

M. Bötticher, Industrialisierungspolitik und Verteidigungskonzeption der UdSSR 1926–1930. Herausbildung des Stalinismus und „äußere Bedrohung", Düsseldorf 1979

G. Brunner, Politische Soziologie der UdSSR, 2 Teile, Akademische Verlagsanstalt Reihe 'Systematische Politikwissenschaft' 12/II (Hg. G. Erb, A. Görlitz, P. Graf Kielmannsegg), Wiesbaden 1977

J. Carmichael, Die Russische Revolution. Von der Volkserhebung zum bolschewistischen Sieg. Februar–Oktober 1917, Reinbek b. Hamburg 1967 (rde 283/284)

C. Ferenczi, Die UdSSR. Die Epoche des Stalinismus, in: Telekolleg II Geschichte, TR-Verlagsunion, München 1972, S. 138 ff.

D. Geyer, Die Russische Revolution. Historische Probleme und Perspektiven, Stuttgart 1968 (zitiert als Geyer I)

D. Geyer, Oktoberrevolution, in: Revolution und Gesellschaft. Theorie der Systemveränderung, Hg. Theodor Schieder, Freiburg 1973 (Herder Tb 462), S. 117 ff.; ferner in: Hg. C. D. Kernig, Marxismus im Systemvergleich. Geschichte 3 (zitiert als Geyer II)

H. Haumann, Geschichte und Gesellschaft der Sowjetunion, pocket Wissenschaft, Kiepenheuer & Witsch, Köln 1977

M. Hellmann/C. Goehrke/R. Lorenz/P. Scheibert, Rußland. Fischer Weltgeschichte Bd. 31, Frankfurt 1972

M. Hiller, Die UdSSR. Die russische Revolution, in: Telekolleg II Geschichte, München 1972, S. 126 ff.

W. Hoffmann, Stalinismus und Antikommunismus. Zur Soziologie des Ost-West-Konflikts, Frankfurt/Main 1967, S. 13

W. Kampmann, Die Ursprünge der russischen Revolution. Beispiel für den Lehrgang Politische Weltkunde, in: GWU 16 (1965) H 4, S. 223 ff.

C. D. Kernig (Hg.), Marxismus im Systemvergleich, Geschichte, 5 Bde., Herder, Freiburg 1974

C. D. Kernig (Hg.), Marxismus im Systemvergleich, Grundbegriffe, 3 Bde., Herder, Freiburg 1973

W. Leonhard, Sowjetideologie heute 2: Die politischen Lehren, Frankfurt/Main 1976 (Fischer Tb 6046)

W. Leonhard, Was ist Kommunismus? Wandlungen einer Ideologie, München 1978 (Goldmann Sachbuch Nr. 780)

M. Mommsen-Reindl, Die Oktoberrevolution von 1917 – eine proletarische Revolution?, in: Politische Bildung 10 (1977) H 3, S. 18 ff.

F. Neumann (Hg.), Handbuch der politischen Theorien und Ideologien, Baden-Baden 1974/75, hier zitiert nach der Rowohlt Taschenbuchausgabe (Nr. 6214)

M. Rubel, Josef W. Stalin, rororo Bildmonographie Nr. 244

K. H. Ruffmann, Sowjetrußland, dtv-Weltgeschichte des 20. Jahrhunderts Bd. 8, München 5/1975

H. Schuler-Jung, Stalinismus, in: Handbuch der politischen Theorien und Ideologien, Hg. F. Neumann, S. 398 ff.

G. Stökl, Russische Geschichte von den Anfängen bis zur Gegenwart, Kröners Taschenbuchausgabe Bd. 244, Stuttgart 3/1973

H. Weber, Stalinismus, in: Aus Politik und Zeitgeschichte, Beilage zur Wochenzeitschrift Das Parlament, Hg. Bundeszentrale für politische Bildung, Bd. 4/77 vom 29. 1. 1977

G. A. Wetter, Sowjetideologie heute 1: Dialektischer und historischer Materialismus, Frankfurt/Main 1975 (Fischer Tb 6045)

M. Wilke, Vorbemerkung, in: Aus Politik und Zeitgeschichte, Beilage zur Wochenzeitschaft Das Parlament, Hg. Bundeszentrale für politische Bildung, Bd. 4/77 vom 29. 1. 1977

3. Comics:

R. Appignanesi, O. Zarate (A&Z), Sachcomic. Lenin für Anfänger, rororo Sachbuch Nr. 7532, Reinbek b. Hamburg 1979

E. del Rio (Rius), Sachcomic. Marx für Anfänger, rororo Sachbuch Nr. 7531, Reinbek b. Hamburg 1979

Nachträge

1. Quellen

H. Ehrhardt, Die Sowjetunion, Wochenschau 27 (1976) Nr. 7/8

M. Grohmann / H. Haumann / G. Rappmann, Wirtschaft und Gesellschaft in der Sowjetunion. Oktoberrevolution, Stalinismus und Gegenwart, Schroedel Verlag Hannover 1979

G. Meyer, Das politische und gesellschaftliche System der UdSSR. Ein Quellenband, Pahl-Rugenstein Köln 2/1980

H. Meyer, Probleme des Totalitarismus, Schroedel Verlag Hannover 2/1980

H.-H. Nolte, Der Aufstieg Rußlands zur europäischen Großmacht, Klett Verlag 1981

2. Allgemeine Literatur

H. Altrichter, Staat und Revolution in Sowjetrußland 1917 – 1922/23, Erträge der Forschung 148, Darmstadt 1981

Landeszentrale f. Polit. Bildung Baden-Württemberg, Der Bürger im Staat 31 (1981) H2: Die Sowjetunion

III. Beschreibung der Einzelstunden

1. Ausgangsbedingungen für den Wandel in Rußland (4 Stunden)

1. und 2. Stunde:
Soziale und ökonomische
Verhältnisse in Rußland vor 1917

Vorbemerkung:

Den beiden ersten Stunden dieser Unterrichtseinheit kommt eine motivierende Aufgabe für die gesamte Unterrichtseinheit zu. Einerseits zeigen sie die Verhältnisse im zaristischen Rußland, bewegen damit den Schüler zu Vermutungen, ob bereits im wirtschaftlichen und sozialen Bereich Ursachen für die Revolution von 1917 zu finden sind; andererseits werden Probleme angedeutet, die den Schüler gespannt machen, wie sie gelöst wurden — etwa Lenins Umformung der Marxschen Revolutionstheorie oder die Frage: was mußte passieren, daß aus dem rückständigen Rußland der Zarenzeit die Supermacht 'Sowjetunion' werden konnte —.
Damit sind die Schwerpunkte beider Stunden vorgegeben:
— Sie sollten auf der Tatsache liegen, daß die russische Wirtschafts- und Gesellschaftsordnung im Vergleich zu den westlichen Staaten Europas, besonders zu England, aber auch zu Deutschland, rückständig war
— und auf der Problematisierung der Marxschen Revolutionstheorie; wobei auf die 'Lösung' des gefundenen Problems durch Lenins theoretische Umformung (siehe Stunden 5 und 6) vorausgedeutet wird.

Selbstverständlich stellen die angeführten Quellentexte und Statistiken — wie auch in den übrigen Stunden der Unterrichtseinheit — eine Auswahl dar, die jederzeit ergänzbar ist; sie sollen dem Lehrer lediglich die Suche erleichtern. Die Materialien sind aber durch die Probleme, die im Unterricht thematisiert werden, vorbestimmt.

1. Stunde:
Bauernbefreiung und Aufbau
der Gesellschaft
im zaristischen Rußland

Vorbemerkung:

Im Mittelpunkt dieser ersten Stunde der Unterrichtseinheit steht die Struktur der russischen Gesellschaft vor der Revolution von 1917 und die sozialen und volkswirtschaftlichen Folgen der Bauernbefreiung von 1861. Hierbei läßt sich zeigen, daß die Gesellschaft des zaristischen Rußland am Beginn des 20. Jahrhunderts im Gegensatz zu den westeuropäischen Staaten „die soziale Struktur einer spätfeudalen Gesellschaft" aufwies (M. Hiller, in: Telekolleg II: Geschichte, S. 126), in der die Bauern — rd. 80% der Gesamtgesellschaft — sich in totaler Knechtschaft eines den gesellschaftlichen Reichtum besitzenden Adels befand, der zumeist weitab von seinen Bauern in den großen Städten lebte; nur der Adlige war im modernen Sinn 'Staatsbürger', sein Grundeigentum uneinziehbarer Privatbesitz (vgl. P. Scheibert, in: C. Goehrke, M. Hellmann, R. Lorenz, P. Scheibert, Rußland, FWG 31, 1976, S. 203 f.), wozu eben auch „die Bauern als Teil des Inventars" (P. Scheibert, Rußland, S. 204) gehörten. Nach V. Rothe entfielen „auf jede adlige Person, einschließlich der Kinder, (…) im Durchschnitt 50 Privatsklaven beiderlei Geschlechts" (V. Rothe, Die Russische Revolution, Verlag Kösel München 1974, S. 22). Innerhalb der Leibeigenschaft gab es Unterschiede: „In den fruchtbareren Gebieten Rußlands (…) waren die Grundbesitzer auf die Bewirtschaftung großer Landflächen für den Getreideexport angewiesen und zogen deshalb ihre Leibeigenen zum Frondienst (…) heran; im Norden mit seinen kärgeren Böden konnte der Grundbesitzer einen größeren Profit erzielen, wenn er von seinen Bauern Leibzins (…) einforderte" (H. Lemberg, Geschichte Rußlands und der Sowjetunion, Informationen zur politischen Bildung 151, S. 9).

Wichtig erscheint es, darauf hinzuweisen, daß bis zur Reform 1861 Dienste und Naturalabgaben der leibeigenen Bauern, die „ökonomisch auf der Stufe des Holzpfluges" lebten (W. Kampmann, Die Ursprünge der russischen Revolution, in: GWU 16 [1965] H 4, S. 228), die Basis aller Macht- und Besitzverhältnisse darstellten.

Inwieweit der Lehrer auf die spezifische Form der sog. Fabrikleibeigenschaft hinweisen will, sei ihm überlassen – hier genüge der Hinweis zur Erläuterung: ein Unternehmer kaufte „oft mit dem Grund und Boden ein ganzes Dorf samt seinen (Einwohnern)", die dann seine Leibeigenen wurden.

Diese alte Agrarverfassung, die ja in Rußland noch bestand, als im Westen Europas sich die 'Agrarrevolution' längst vollzogen und die Industrielle Revolution eingesetzt hatte und – wenn auch regional unterschiedlich – bereits im Gange war, bewirkte die Rückständigkeit Rußlands, zumal ein „Kapitalismus westeuropäischer Prägung (…) erst spät nach Rußland kam" (J. Carmichael, Die Russische Revolution, Reinbek, 1967, S. 10) und die Produktionsmethoden in der russischen Landwirtschaft total veraltet waren; ferner fehlte eine liberale, ökonomisch potente, auf wirtschaftliches Wachstum zielende Bourgeoisie fast völlig.

Daraus wird deutlich:
Wollte man den Anschluß an den Westen finden – was ja seit der Niederlage im Krimkrieg (1835–1856) notwendig erschien –, dann mußte die Bauernfrage gelöst werden. Nicht die Tatsache, daß die Bauern immer wieder rebellierten, war der entscheidende Grund für die Reformen von 1861 – die Furcht vor sozialen Umwälzungen gehörte natürlich dazu –, denn nach P. Scheibert gab es keine eigentlich revolutionäre Situation, die, wie Lenin meinte, die Regierung zu den Reformen gezwungen hätte (vgl. P. Scheibert, in: Rußland, S. 222), vielmehr war es die ökonomische Einsicht, daß die Rückständigkeit „in erster Linie auf die paralysierende Institution der Leibeigenschaft zurückzuführen sei" (J. Carmichael, Russische Revolution, S. 8).

Ziele der Stunde:

Die Schüler erkennen
– die Gesellschaftsstruktur des zaristischen Rußland als bäuerlich bestimmt, als spätfeudal;
– die Ursachen der sog. Bauernreform von 1861:
  a) der verlorene Krimkrieg,
  b) die Erkenntnis, daß in der Agrarverfassung die Ursache der Rückständigkeit liegt.

Die Schüler erarbeiten
– anhand von Quellen und einer Hektographie die wesentlichen Merkmale der Gesellschaftsstruktur des zaristischen Rußland
– und vergleichen diese mit anderen Staaten.

Die Schüler begreifen
– die untergeordnete Rolle des Bürgertums in Rußland und damit das 'West-Ost-Gefälle' in der Entwicklung einer liberalen, kapitalkräftigen Bourgeoisie.

Die Schüler beurteilen
- die Bauernbefreiung anhand ihrer volkswirtschaftlichen und sozialen Folgen und hinterfragen den Begriff „Bauernbefreiung" kritisch.

Verlaufsskizze:

Unterrichtsschritt 1:

Zu Beginn der Stunde führt der Lehrer in die neue Unterrichtseinheit ein, nennt das Thema und gibt den Schülern eine inhaltliche Übersicht über den zu erarbeitenden Stoff. Es empfiehlt sich dann, die Schüler aufzufordern, ein – natürlich vorläufiges – Urteil über die russische Gesellschaftsstruktur abzugeben; dazu wird ein Flugblatt aus dem Jahre 1900 vorgelegt. Die Darstellung findet sich in folgenden Unterrichtswerken:
- H. D. Schmid (Hg.), Fragen an die Geschichte, Bd. 3, Hirschgraben, Frankfurt/Main, S. 72 (B 14),
- W. W. Mickel, W. Kampmann, B. Wiegand, Politik und Gesellschaft. Grundlagen und Probleme der modernen Welt, Bd. 2, Hirschgraben, Frankfurt/Main, zwischen den Seiten 16 und 17,
- H. Ebeling, W. Birkenfeld, Die Reise in die Vergangenheit, Bd. 4, Westermann Braunschweig, S. 77.

Dargestellt ist eine 'Gesellschaftspyramide', an deren Spitze unter dem Doppeladler – Symbol des Zarentums – das Zarenpaar thront. Um den Thron herum stehen Vertreter des Adels, die die staatliche Autorität repräsentieren. Gestützt wird diese Herrschaft durch die orthodoxe Kirche, die seit Peter dem Großen (1689–1725) eng mit dem Staat verbunden ist. Zarenpaar, „Adel und Geistlichkeit ruhen auf der Armee; mit Peitsche, Säbel und Gewehr ist sie als Garant der bestehenden Ordnung dargestellt". Eine Stufe tiefer findet sich die Bourgeoisie bei einem üppigen Gelage in einem Salon. Das Ganze aber wird getragen von der arbeitenden Bevölkerung, den Bauern (rechts) und den Arbeitern (links). Bei den Arbeitern recken sich Fäuste, ragt eine Fahne, Anzeichen drohender Unruhen. Es handelt sich um ein Flugblatt, das um 1900 in einer geheimen Druckerei hergestellt wurde und das sich in karikierender Weise kritisch mit der zaristischen Gesellschaft auseinandersetzt und den Bauern und Arbeitern zeigen will, daß alle zaristische, adlige und geistliche Herrschaft von ihnen abhängt und damit von ihnen auch zerstört werden kann (nach W. Birkenfeld, in: Die Reise in die Vergangenheit, Bd. 4, Westermann, S. 77 L).

Durch die Frage nach der politischen Intention, die hinter dem Flugblatt stecken könnte, kann schon an dieser Stelle das soziale Mißverhältnis, die Unterdrückung und Ausbeutung der arbeitenden Schichten verdeutlicht werden. Als Erschließungsfragen bieten sich an:
- Was ist dargestellt?
- Erläutern Sie Ihre Erklärung durch Verbalisierung des Inhalts!
- Welche politische Intention steckt Ihrer Meinung nach hinter der Darstellung? Beachten Sie die Art der Darstellung!

Unterrichtsschritt 2:

Auswertung von Quellentexten zur Beurteilung der Gesellschaft und Anfertigen eines Säulenmodells (siehe Vorschlag für ein Arbeitsblatt).
Um den Schülern die Arbeit mit den Texten zu erleichtern, empfiehlt es sich, texterschließende Fragen zu stellen; die vorgeschlagenen Fragen finden sich im Stundenblatt, ebenso das Säulenmodell (Tafelanschrieb), das vom Lehrer entwickelt werden sollte. Als Arbeitsform bietet sich die Partnerschaftsarbeit an.
Um die Stunde nicht mit Material zu überfrachten, wird die Rolle des Bürgertums nicht von den Schülern erarbeitet, vielmehr weist der Lehrer darauf hin, daß im zaristischen Rußland eine politisch und wirtschaftlich aktive Bourgeoisie nur sehr schwach entwickelt war. Nachdem die Gesellschaftsstruktur um 1913 entwickelt und an der Tafel schematisiert wurde, bietet sich ein Vergleich mit der Gesellschaft der Sowjetunion an, deren Schema mittels einer Folie (Vorlage z. B. in

Schmid, Fragen an die Geschichte, Bd. 4, S. 115) dem Schüler vorgestellt wird.

Die Schüler sollen so auf Veränderungen aufmerksam werden und zugleich den Begriff der „Klassenlosen Gesellschaft" problematisieren.

Unterrichtsschritt 3:

Verlauf und Regelungen der sog. Bauernbefreiung 1861 werden entweder vom Lehrer vorgetragen oder aber durch ein Schülerreferat dargelegt (Lehrbuch als Basis). Es ist dabei wichtig zu zeigen, daß es die alte Agrarverfassung war, die die Rückständigkeit Rußlands bewirkte und daß es daher notwendig war, die Agrarfrage, besonders die Frage der Leibeigenschaft zu lösen, wollte man den notwendigen Anschluß an den Westen finden (siehe dazu auch die Vorbemerkung). Im Unterrichtsgespräch wird dann untersucht, welche Folgen die Bauernbefreiung
a) für die Grundbesitzer
b) für die Bauern
c) für den Staat
hatten und das Ergebnis im Tafelbild festgehalten. Grundlage dieses Gesprächs sollte das Lehrbuch sein, dessen betreffendes Kapitel von den Schülern vorzubereiten ist.

Nur so ist es den Schülern möglich, den Begriff „Bauernbefreiung" zu problematisieren und kritisch zu hinterfragen. Dabei gilt es, deutlich zu machen, daß eine „Befriedung der ländlichen Verhältnisse nicht erreicht" wurde, daß die Bauern „an die Landgemeinde und deren Steuerhaftung gebunden" blieben, daß dadurch individuelle Leistung praktisch unterbunden wurde, damit aber auch soziale Mobilität verhindert wurde, daß das Problem des „Loskaufs", durch das die meisten Bauern zu Eignern von „Bettelanteilen" wurden, viele Bauern in eine neue Abhängigkeit, die Schuldknechtschaft, stürzte, daß die Masse der Bauern nicht genug Land besaß, um ein erträgliches Leben zu führen, daß infolge der Bevölkerungsexplosion die Verelendung der Bauern und bei Mißernten die allgemeinen Hungersnöte zunahmen.

Den Stundenabschluß stellt dann ein Vergleich dar, in dem die Schüler eben Erarbeitetes mit bereits Bekanntem vergleichen können: die Agrarrevolution in Preußen (Stein-Hardenbergsche Reformen) und die Bauernbefreiung in Rußland.

Vorschlag für ein Arbeitsblatt

Die gesellschaftlichen Verhältnisse im zaristischen Rußland

Q 1: Aus der „Moskauer Zeitung" von 1801
Es werden verkauft drei Kutscher, stattlich und gut geschult, und zwei Mädchen von 18 und 15 Jahren, beide von hübschem Äußeren und mit allerlei Handarbeit wohlvertraut. In demselben Haus verkauft man zwei Haarkünstler; der eine ist 21 Jahre alt, kann lesen, schreiben und ein musikalisches Instrument spielen, ist auch als Jägerbursche verwendbar, der andere kann Herren und Damen frisieren. Im gleichen Haus werden Pianofortes und Orgeln abgegeben.

Q 2: Preisangaben für Bauern aus Moskau (1791/1792)

Ein sechzehnjähriger Knabe	200–300 Rubel
Ein erwachsener Mann (tauglich zum Militärdienst)	500–600 Rubel
Ein Mädchen oder eine Frau	30–40 Rubel
(Jagdhunde mit edlem Stammbaum kosteten damals zwischen	2000 und 3000 Rubel)

Q 3: Aus: 'Graf Moltkes Briefe aus Rußland', Berlin 2/1877, S. 168f. und 172f.
Nirgends erblickt man hier Burgen und Schlösser, in welchem unsere Ritter so fest wurzelten und von denen ihre Namen noch stammen. Der russische Adel lebte und lebt noch jetzt meist in der Stadt, entweder in Moskau oder Petersburg (...). Kein Adel entspricht überhaupt weniger seinem eigentli-

chen Zweck, auf eigenen Füßen zu stehen und selbständig das Recht gegen oben und unten zu wahren (...). In allen übrigen Ländern wird der Adel erteilt nach Willkür der Monarchen, in Rußland streng nach dem Gesetz. Jeder, welcher (eine bestimmte) Rangklasse erreicht, erlangt dadurch den erblichen Adel (...): der älteste Erbadel geht verloren, sobald der Besitzer in drei Generationen nicht im Staatsdienst (...) einen Rang erhalten hat. Dadurch ist der Adel ganz und gar abhängig von der Regierung, und es kann ihm nicht leicht einfallen, irgendetwas gegen diese Opposition zu machen.

Q 4: Zahlen zum Grundbesitz des Adels (1834)
  1 453 Gutsherren besaßen durchschnittlich 2447 Seelen.
  2 273 Gutsherren besaßen durchschnittlich   687 Seelen.
16 740 Gutsherren besaßen durchschnittlich   217 Seelen.
42 978 Gutsherren besaßen durchschnittlich   8 Seelen.
Der reichste russische Großgrundbesitzer war Graf Scheremetjew. Ihm gehörten vor 1800 600 000 Desjatinen (etwa 654 000 ha) Land mit 200 000 erwachsenen Leibeigenen.
Texte aus: Schmid, Fragen an die Geschichte, Bd.3, S.66f. (Q 18, 19, 21, 22)

Fragen und Aufgaben:
1. Welche Stellung nehmen die einzelnen Stände im Staat ein?
2. Wodurch ist diese Stellung gekennzeichnet?
3. Wie könnte man diese Gesellschaftsstruktur bezeichnen?
4. Wie sah es damals im übrigen Europa aus?

2. Stunde:
Die Industrialisierung in Rußland und die Entstehung eines Proletariats

Vorbemerkung:

Vor allem im Hinblick auf die Umformung der Marxschen Revolutionstheorie durch Lenin erscheint es wichtig, den Zeitraum, den Umfang und die Bedeutung der Industrialisierung in Rußland und die Stellung des Industrieproletariats in der Gesellschaft des zaristischen Rußland zu zeigen. (Ergänzung des Tafelbildes aus der ersten Stunde!) Natürlich kann dabei im Zusammenhang dieser Unterrichtseinheit, in der diesem Thema ja nur eine Stunde gewidmet ist, nicht bis ins 18. Jahrhundert oder gar ins Mittelalter zurückgegangen werden, in eine Zeit also, als etwa im europäischen Westen durch Kapitalbildung und Entwicklung von Arbeitsformen Denkweisen entwickelt wurden, „die eine Entfaltung der volkswirtschaftlichen Kräfte ermöglichten, hinter der Rußland weit zu-

rückblieb" (A. Karger, Sowjetunion, S. 98). Wesentlich ist es vielmehr zu zeigen, daß West- und Osteuropa unterschiedliche „Startpositionen" für eine Industrialisierung besaßen:
– die unterschiedliche Ausdehnung des Raumes,
– die unterschiedliche Siedlungsgeschichte (die rohstoffreichen Gebiete Ural, Donezgebiet lagen in dünnbesiedelten Räumen weitab von natürlichen Verkehrswegen),
– die unterschiedlichen klimatischen Bedingungen,
– die Tatsache, daß im Westen das Handelskapital in den volkswirtschaftlichen Kreislauf eingebracht wurde, in Rußland dagegen Zar, Kirche und vor allem der Adel diesem das Kapital entzogen.
– Daraus entstand ein permanenter Kapitalmangel, der Rußland von ausländischem Kapital abhängig machte, zumal die Landwirtschaft infolge ihrer geringen Produktivität kaum zur Kapitalbildung beitragen konnte, das zur Industrialisierung allein aus eigener Kraft notwendig gewesen wäre.

Mit Karger (Sowjetunion, S. 100) ist es daher nur eine Folge der Abhängigkeit von ausländischem Kapital, daß „die industriellen Ansätze auf wenige Gebiete beschränkt (waren): auf das mittlere Rußland im Umkreis von Moskau, die Hauptstadt St. Petersburg, den Ural und auf das ukrainische Industriegebiet", jene Gebiete, die eine schnelle Rendite erwarten ließen.

„Die Arbeiterfrage war (…), im Vergleich zu den Dimensionen des bäuerlichen Elends, ein 'Minderheitenproblem'" (nur etwa 2% der Gesamtbevölkerung waren 1913 Industriearbeiter), das seine explosive Kraft aber durch die „Konzentration an wenigen Zentren des Reiches" erhielt (M. Hiller, UdSSR. Die russische Revolution, in: Telekolleg II Geschichte, München 1972, S. 127).

Ziele der Stunde:

Die Schüler erarbeiten
– anhand von Statistiken wesentliche Merkmale der russischen Industrialisierung.

Die Schüler erkennen dabei
– die Rückständigkeit der russischen Wirtschaft und ihre möglichen Gründe:
  a) Raum- und Siedlungsfrage
  b) klimatische Bedingungen
  c) Kapitalmangel
  d) systemimmanente Gründe (fehlende Einsicht in die Notwendigkeit zum Wandel durch Fehlen eines liberalen, wachstumsorientierten Bürgertums);
– die Abhängigkeit von ausländischem Kapital;
– die wichtigsten Industriezentren.

Die Schüler vergleichen
– diese Entwicklung mit der in Großbritannien und in Deutschland.

Die Schüler beurteilen,
– ob demnach eine Revolution nach den Lehren von Karl Marx hätte überhaupt stattfinden dürfen.
– die Lage Rußlands vor 1914 als ein Land mit typischen Merkmalen eines Entwicklungslandes.

Verlaufsskizze:

Unterrichtsschritt 1:

Am Beginn der Stunde soll ein Leninzitat über die Rolle der Arbeiterschaft stehen, das die Schüler einmal für das Stundenthema motivieren soll, das aber gleichzeitig, indem es am Schluß der Stunde kritisch hinterfragt wird, die Schüler gespannt macht auf Lenins Theorie, seine Erweiterung der Marxschen Revolutionslehre:
„Den russischen Arbeitern ist die Ehre und das Glück zuteil geworden, als erste die Revolution, das heißt den großen Krieg der Unterdrückten, den legitimen und gerechten Krieg zu beginnen."
(Zit. aus: W. I. Lenin, Werke, Bd. 23, Berlin-Ost, 1968, S. 363)

Als überleitende und zugleich problematisierende Frage empfiehlt sich:
Inwieweit gab es in Rußland vor 1917 ein Industrieproletariat, das zum Träger einer Revolution hätte werden können?

Das Zitat bietet aber auch die Möglichkeit einer Vorausdeutung auf die sowjetische Außenpolitik, die im Rahmen dieser Arbeit ja nicht behandelt wird, nämlich auf Lenins Verständnis vom Krieg, seiner Berechtigung und Notwendigkeit.

Unterrichtsschritt 2:

Auswertung von Zahlenmaterial über Zeitpunkt, Umfang des Industrialisierungsprozesses sowie über die Entwicklung der russischen Industriearbeiterschaft im Vergleich zu Deutschland und/oder zu Großbritannien. Dabei sollte vom Umfang der Industrialisierung und von der Herkunft des dafür benötigten Kapitals ausgegangen werden (s. Textbeilage), weil gerade letzteres für Lenins Revolutionslehre bedeutsam ist – Rußland als 'halbkoloniales Land'.

Als Gesprächsimpulse erscheinen folgende Fragen als geeignet:
– Was zeigen die aufgeführten Zahlen?
– Woher kommt das notwendige Kapital? Geben Sie dafür eine mögliche Begründung!
– Welche Auswirkungen konnte dies haben?

Bereits hier muß den Schülern verdeutlicht werden, daß die viel zitierte Formel vom 'Nachholen' und 'Einholen' hier in der Anfangsphase der Industrialisierung Rußlands vorprogrammiert wurde (siehe Tafelbild, Stundenblatt). Anhand einer Karte – Wandkarte oder Karte aus „Informationen zur politischen Bildung" Nr. 151: „Geschichte Rußlands und der Sowjetunion" von H. Lemberg (Karte X) – werden dann die wichtigsten Industriezentren Rußlands vor der Oktoberrevolution gezeigt.

Möglicher Exkurs (siehe Vorschlag für eine Hektographie):
Mit Hilfe eines vom Lehrer vorbereiteten Informationsblattes, das eine vergleichende Entwicklung in England, Deutschland und Rußland beinhaltet (Graphik), könnte gefragt werden, warum es Unterschiede gibt.

In einem zweiten Schritt gilt es nun, die Entwicklung der Arbeiterschaft zu betrachten (s. Textbeilage, Q 3).
Hierzu werden folgende Fragen und Aufgaben vorgeschlagen:
– Was läßt sich feststellen?
– Vergleichen Sie die russische Entwicklung mit der in anderen, Ihnen bekannten europäischen Staaten! (Hier sollte vom Leh-

rer eine Folie oder ein Arbeitsblatt vorbereitet werden, die dies z. B. anhand deutscher Zahlen verdeutlicht.)
– Versuchen Sie, eine mögliche Begründung für die erkannte Entwicklung in Rußland zu geben! (Mit Hilfe dieser Aufgabe wird der Unterrichtsschritt 2 zusammengefaßt.)
Ein Tafelbild sollte zur Ergebnissicherung angefertigt werden.

Möglicher Exkurs:
Hier bietet sich, wenn es die Zeit erlaubt, ein Vergleich mit modernen Entwicklungsländern an, wobei eine wünschenswerte Verknüpfung von Themen der Geographie mit der Geschichte erreicht werden könnte.
Folgende Merkmale, die auch auf Rußland vor der Oktoberrevolution zutreffen, sollten gefunden und festgehalten werden:
„1. niedriges Pro-Kopf-Einkommen der Bevölkerung;
2. rasche Zunahme des Bevölkerungswachstums" vornehmlich auf dem Lande mit wachsender Verelendung der Landbevölkerung, „d.h. agrarische Überbevölkerung Rußlands";
3. „Analphabetentum"
4. Abhängigkeit von ausländischem Kapital. (vgl. M. Hiller, UdSSR, TK II, S. 127)

Unterrichtsschritt 3:

Problematisierung des Leninzitats aus Unterrichtsschritt 1 und Verknüpfung der Unterrichtsschritte 1 und 2.
Folgende Gesprächsimpulse werden vorgeschlagen:

– Hätte dann nach den Lehren von Karl Marx in Rußland eine Revolution ausbrechen dürfen?
– Welche Bedeutung kommt hierbei der Konzentration der Industrie in wenigen Zentren zu?

Exkursmöglichkeit:
Zur Bewältigung der gestellten Aufgabe empfiehlt sich eine kurze Wiederholung der Marxschen Revolutionslehre.

Hausaufgabe:

– Vorbereitende Lehrbucharbeit über die Revolution von 1905
– Analyse der „Petition Petersburger Arbeiter vom 9. 2. 1905" (s. Textbeilage zur 3. Stunde)

– Fragen zum Text:
– Welche Forderungen werden erhoben?
– Wie lassen sich diese ideologisch einordnen?

Vorschlag für ein Arbeitsblatt

Zeitpunkt und Umfang des Industrialisierungsprozesses in Rußland und die Entwicklung der Industriearbeiterschaft:

Q 1: Zahlen zur Produktion

Jahr	Produktion in Millionen Tonnen		
	Steinkohle	Roheisen	Erdöl
1860	0,3	0,3	0,0098
1880	3,3	0,4	4,9
1900	16,5	2,8	7,4
1913	29,8	4,2	9,2
1920	8,4	0,1	3,8
1925/26	25,6	2,2	8,5

Anteil der Gebiete an der Roheisenerzeugung (in Prozent)

Gebiet	1885	1913
Süden	8,6	73,6
Ural	78,0	21,4
Zentrum	13,4	5,0

Alfred Zimm, Industriegeographie der Sowjetunion.
Berlin (Ost) 1963, S. 118

Q 2: Zahlen zur Herkunft des Kapitals in der Industrie
Ausländisches Privatkapital in Rußland in Millionen Rubel

Herkunftsland	1890	1900
Frankreich	66,6	226,1
Belgien	24,6	296,5
England	35,3	136,8
Deutschland	79,0	219,3
USA	2,3	8,0

Valentin Gitermann, Geschichte Rußlands. Hamburg 1949,
Bd. III. S. 204 ff.

Fremdkapital in russischen Aktiengesellschaften

Jahr	Zahl der AG	Kapital in Mill. Rubel	Davon fremdes Kapital in Mill. Rubel	in Prozent
1889	504	911,8	214,7	23,7
1899	1181	1736,8	911	52,5

A. Zimm, Industriegeographie, S. 205

Auslandskapital in versch. Zweigen der russischen Industrie

Industriezweig	Aktienkapital in Millionen Rubel		Davon ausländisches in Millionen Rubel	
	1890	1900	1890	1900
Bergwerke	85,7	392,2	70,1	374,9
Metallindustrie	27,8	257,3	14,0	145,3
Chemische Industrie	15,5	93,8	6,4	29,3
Ziegeleien	6,7	59,0	0,2	26,6
Textilindustrie	197,5	373,7	26,0	71,4
Lebensmittelindustrie	87,6	153,1	7,6	11,4

Bevölkerungs-Ploetz, Bd. 4, S. 109

Q 3: Angaben über die Fabrikarbeiterschaft

a) Fabrikarbeiter im Russischen Reich
   und in ausgewählten Provinzen 1860–1913 (in Tausend)

	1860	1900	1913
Russisches Reich	565,0	1629,0	2282,0
St. Petersburg	33,0	165,0	218,0
Moskau	107,3	286,8	384,1
Wladimir	87,1	158,2	208,9
Kostroma	–	59,9	93,2
Twer	–	33,7	44,1
Jaroslawl	–	33,6	39,2
Kiew	32,1	63,0	77,9
Charkow	12,1	38,2	53,2
Cherson	–	30,9	50,4
Jekaterinoslaw	–	28,4	39,3
Perm	–	19,0	24,0

Bevölkerungs-Ploetz Bd. 4. Ploetz-Verlag, Würzburg 1965, S. 108

b) Arbeiter nach Industriezweigen 1913

Industriezweig	in Tausend	in Prozent
Alle Industrien	2282,0	100,0
Textilindustrie	918,2	40,2
Papierindustrie, Druckerei	107,7	4,7
Holzindustrie	132,1	5,8
Metallindustrie	385,6	16,9
Mineralien	215,6	9,5
Tierische Produkte	55,7	2,4
Nahrungsmittel	369,0	16,2
Chemische Industrie	90,5	4,0
Sonstige	7,6	0,3

(Bevölkerungs-Ploetz, Bd. 4, S. 109)

c) Anzahl der Fabrikarbeiter (ohne Handel und Handwerk)

1825   220 000   davon waren 95 000 Leibeigene[1]
1861   523 000   davon waren 67 000 Leibeigene
1913   3 600 000
1963 20 700 000

Zum Vergleich: In Deutschland waren 1907 in Bergbau und Industrie 9 152 000 Menschen beschäftigt.

[1] Sog. Obrok-Bauern. Der Gutsherr verlangte vom Leibeigenen statt der üblichen Frondienste Bargeld und gestattete ihm, einen beliebigen Beruf auszuüben.

Schmid, Fragen an die Geschichte, Hirschgraben, Bd. 3, S. 71, T19

Fragen und Aufgaben:
1. Was zeigen die aufgeführten Zahlen?
2. Woher kommt das Kapital?
   Geben Sie eine mögliche Begründung!
3. Welche Auswirkungen konnte dies haben?

Vergleichende Synopse der Entwicklungen in England, Frankreich, Deutschland und Rußland

Zeitskala: 1900 – 1800 – 1700 – 1600

Großbritannien

bis 1880	Bevölkerung seit 1800 verdoppelt
1850	10000 km Eisenbahn
vor 1840	1000 km Eisenbahn
1811/12	Maschinenstürmer
1760	Beginn der Industrialisierung
1. Hälfte 18. Jh.	Höhepunkt der "Enclosure-Bewegung"
	Höhepunkt der engl. Aufklärung – engl. Revolution
1651	Navigationsakte
~1600	Beginn der engl. Aufklärung

Frankreich

1870	10000 km Eisenbahn
1861	1000 km Eisenbahn
1846	
1831/34	Seidenweberaufstand in Lyon
nach 1815	Beginn der Industrialisierung
1789	Franz. Revolution – Bauernbefreiung – Verbürgerlichung
um 1700	französische Aufklärung
1660er Jahre	"Colbertismus"
	30jähriger Krieg: 1618–1648

Deutschland

1870	Bev. verdoppelt
1869	Beginn der Hochindustrialisierung
1861	10000 km Eisenbahn
1856	eigentl. Industrialisierung beginnt
1855	
1850	1000 km Eisenbahn
1842	
Mitte 19. Jh.	
1807/15	Bauernbefreiung
	Höhepunkt der Aufklärung
1740–86	Friedr. II. von Preußen – "Kameralismus"
1722	Reformen in Preußen Friedrich Wilhelm I. "Merkantilismus"

Rußland

1870/90	Industrialisierungsphase
1869	10000 km Eisenbahn; Bevölkerung verdoppelt
1861	Bauernbefreiung
1855	1000 km Eisenbahn
	Höhepunkt der russischen Aufklärung
1725	Peter I. "Merkantilismus"
1689	

3. Stunde:
Vorrevolutionäre Tendenzen und die Revolution von 1905

Vorbemerkung:

Der Schwerpunkt dieser Stunde liegt auf der Revolution von 1905, ihren Ursachen und den Gründen ihres Scheiterns. Dabei muß dem Schüler deutlich gemacht werden, daß es bereits vor der 'Entladung' des Jahres 1905 revolutionäre Bewegungen gegeben hat, die alle geboren wurden aus der Unzufriedenheit mit der veralteten sozialen und politischen Realität des autokratisch beherrschten, vom Adel ausgesaugten Rußland.
Die 'Bauernbefreiung' hatte nicht den erhofften Wandel gebracht, und die Industrialisierung, so klein sie war, setzte eine dynamische Entwicklung in Gang, die vor allem die junge 'Intelligenz' „zur radikalen geistigen und politischen Aktion" reizte (G. Stökl, Russische Geschichte, Stuttgart 1965, S. 567), zumal die Unruhe dieser neuen Entwicklung, die „Wendung der russischen Gesellschaft zur kapitalistischen Formation (...), die Reform der inneren Verhältnisse noch dringlicher" machte (P. Scheibert, in: Rußland, S. 246). Nicht nur, daß ein neues, wenn auch zahlenmäßig schwaches Bürgertum entstanden war, das auf Grund seines 'Wirtschaftens' Mitbestimmung im Staat anstrebte – Zarenhof und höhere Beamtenschaft haben nicht verstanden, daß der Industrialisierung eine neue politische Struktur entsprechen mußte (P. Scheibert, in: Rußland, S. 247) –, sondern die alten revolutionären Ideen und Tendenzen fanden besonders bei der gebildeten Jugend neue Anhänger.
Alle Strömungen der Zeit vor 1905 können nicht ausführlich behandelt werden. Denkbar wäre allerdings, daß mehrere Schüler diesen Vergleich in Form eines Referats durchführen und den Mitschülern ein vom Lehrer korrigiertes Thesenblatt vorgelegt wird, das dann in den Unterricht eingebaut wird.

Die Stunde erfüllt zwei wichtige Aufgaben:
1. dient sie der Wiederholung der bestehenden Probleme in Rußland;
2. zeigt sie auch die Reformunfähigkeit der herrschenden Gruppen in Rußland vor 1917.

Ziele der Stunde:

Die Schüler erkennen
– die wesentlichen Ursachen der Revolution von 1905;
– die wesentliche Kritik am zaristischen System;
– die Bedeutung der außenpolitischen Situation für das Ausbrechen der Revolution;
– die Gruppen und Methoden der Revolution.

Die Schüler beurteilen
– den Mißerfolg der Revolution durch Aufzeigen von Gründen ihres Scheiterns.

Verlaufsskizze:

Unterrichtsschritt 1:

In einem zusammenfassenden Gespräch sollen die Schüler die gesellschaftlichen und wirtschaftlichen Probleme nach den Reformen aufzeigen, die eine Revolution bewirkt oder zumindest erleichtert haben könnten.
Als Leitfrage bietet sich dafür an:
– Worin lagen Ihrer Meinung nach die möglichen Ursachen revolutionärer Bewegungen?
Die gefundenen Ergebnisse dieses auch der Wiederholung dienenden U'schritts 1 werden im Tafelbild festgehalten.

Unterrichtsschritt 2:

Für diesen Teil der Stunde gibt es zwei Möglichkeiten der Gestaltung:

1. kann dieser Teil von einem Schüler mittels eines kurzen Referats über die vorrevolutionären Tendenzen bestritten werden,
2. kann dies im Lehrervortrag geschehen.

In beiden Fällen muß den Schülern ein Arbeitsblatt vorgelegt werden (s. Hektographie-Vorschlag). Als Möglichkeit zur Gestaltung dieses Arbeitsblattes bietet sich die „Genealogie des Bolschewismus" in „Politik und Gesellschaft" Bd. 2, S. 25 an, wobei andere Lösungen durchaus denkbar sind.

Sollte das Schema übernommen werden, muß sich das Referat natürlich eng daran halten, wobei der Begleittext des Lehrbuches zu den revolutionären Strömungen – Dekabristen, Slawophile und Westler, Anarchisten, Narodniki, Nihilisten – als Basis dienen kann.

Unterrichtsschritt 3:
Die Revolution von 1905

Auswerten einer Quelle
Trotzki über das Scheitern der Revolution von 1905 (s. Haseloff u. a. [Hg.], Die UdSSR, S. 31)
Fragestellung:
– Wovon handelt der Text?
In dem Text werden Gruppen genannt, die in der Revolution eine Rolle spielten. Der Lehrer ergänzt und erläutert die Ziele der einzelnen Gruppen, wobei die Arbeiterschaft zunächst ausgenommen wird. Ferner gibt der Text auch eine Begründung dafür, warum dieses Thema bearbeitet wird – Trotzki bezeichnet die Revolution als „Prolog der beiden Revolutionen von 1917".
Auswerten der Hausaufgabe: Petition der Petersburger Arbeiter (s. Arbeitblatt-Vorschlag).

Die Forderungen wurden bewußt weggelassen, da dies die Hausaufgabe gewesen ist, die nun im Unterrichtsgespräch ausgewertet werden muß. Um den Schülern die Analyse des Textes zu erleichtern, wurden zwei den Text erschließende Fragen gestellt, die nun Richtschnur des Gesprächs sind.

1. Welche Forderungen werden erhoben?
2. Wie lassen sich diese ideologisch einordnen?

Notwendigerweise begleitet auch diesen U'schritt ein Tafelbild.

Unterrichtsschritt 4:

Nachdem die Gruppen der Revolution und ihre Ziele erarbeitet worden sind, muß gefragt werden,
– Was hat nun den Ausbruch der Revolution initiiert?
wobei nun die außenpolitische Komponente, der Krieg mit dem imperialistischen Konkurrenten in Asien, Japan, in den Unterricht mit einbezogen werden muß. Auch dies geschieht in Form eines Unterrichtsgesprächs auf der Grundlage des Lehrbuches (Hausaufgabe).

Dabei könnte auch darauf hingewiesen werden, daß anders als die Französische Revolution die russischen Revolutionen durch außenpolitische Niederlagen des Regimes angefacht werden.

Unterrichtsschritt 5:

Hier werden die Ergebnisse der Revolution dargestellt und die Reformunfähigkeit der herrschenden Gruppen betont. Folie und Arbeitsblatt zeigen die Verfassung von 1906.

Unterrichtsschritt 6:

Auswerten eines Textes aus der Sekundärliteratur (O. Anweiler, Woran scheiterte das konstituionelle Experiment in Rußland?, abgedruckt in: O. Anweiler, Die Russische Revolution 1905/1921, Klett Verlag Stuttgart 3/1977, S. 16).

Zunächst sollten die Schüler jedoch Vermutungen äußern, ob die Revolution ihrer Meinung nach erfolgreich war und ihre Thesen auch begründen.

Die nun folgende Textarbeit dient dann der Überprüfung der Schülerantworten und zugleich der Abrundung der Stunde, indem auf den Trotzki-Text in U'schritt 1 zurückverwiesen wird.

Das Ergebnis hält das Tafelbild fest.

Hausaufgabe:

Vorbereitende Quellenarbeit:

'Befehl Nr. 1 des Petrograder Sowjets' und 'Deklaration der Provisorischen Regierung' (Leitfragen s. Arbeitsblatt zur 4. Stunde)

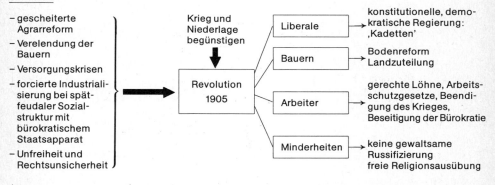

Vorschlag für ein Arbeitsblatt/eine Folie

Die russische Verfassung, verkündet am 10. Mai 1906 durch den Zaren

(Vorlage: Schmid, Fragen an die Geschichte, Bd. 4, S. 117, B 9, erweitert)

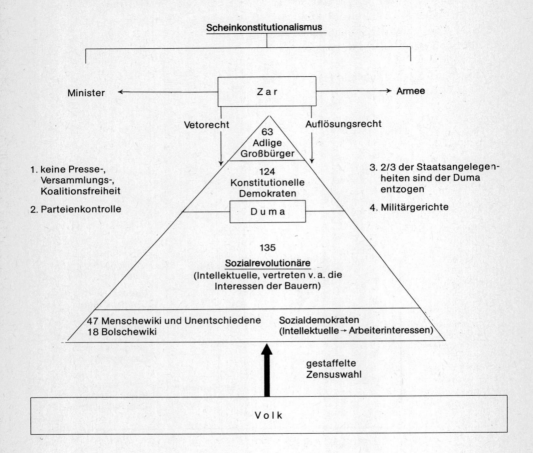

Vorschlag für eine Hektographie

Vorrevolutionäre Tendenzen in Rußland

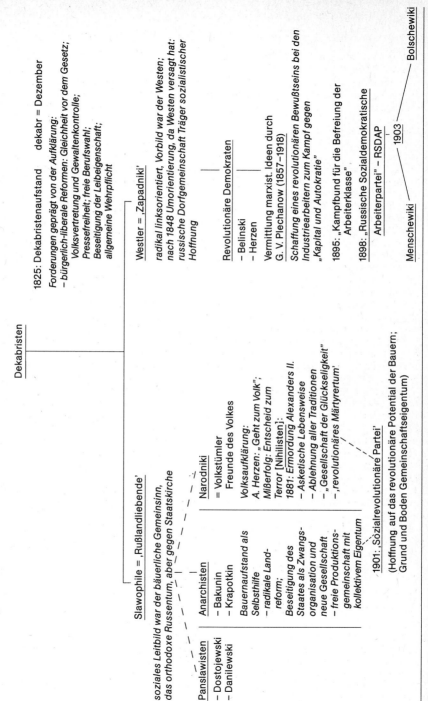

Das hier *kursiv* Angeführte soll vom Schüler während des Vortrags eingetragen werden.

Vorschlag für ein Arbeitsblatt (zu Unterrichtsschritt 3)

Die Revolution von 1905 und die Rolle der Arbeiterschaft

Q 1: Petition der Petersburger Arbeiter, 9. Januar 1905

Auf einer der Massenversammlungen (...) wurde der Ruf nach einer verfassunggebenden Versammlung laut. In gemeinsamer Beratung, auch mit anderen politischen Gruppen, wurde eine Petition (Bittschrift) erarbeitet, die dem Zaren am 9. Januar überbracht werden sollte. 135 000 unterschrieben sie.
Diese Petition sah folgendes vor:
,,Der erste Punkt lautet: gleiche Gerichtsbarkeit für alle, der zweite: persönliche Freiheit, der dritte Glaubensfreiheit, der vierte: sofortige Amnestie für alle politischen Verbrecher, der fünfte: Pressefreiheit, der sechste: sofortige Beendigung des Krieges. Es wurde in der Versammlung darüber diskutiert, ob man die Erfüllung der Forderungen erbitten oder direkt verlangen solle. Man einigte sich einstweilen auf den ersten Modus.
Die Petition, in der die Wünsche der Arbeiterschaft zum Ausdruck gebracht werden, ist bereits von 50 000 Arbeitern unterzeichnet.
Hier dieser erschütternd wirkende Notschrei der Massen:
,Wir Arbeiter, Bewohner Petersburg, kommen zu Dir. Wir sind elende, beschimpfte Sklaven und erstickt von Despotismus und Willkür. Als die Grenze der Geduld erreicht war, stellten wir die Arbeit ein und baten unsere Herren, uns nur das zu geben, ohne das das Leben eine Qual ist. Aber alles wurde abgelehnt. Alles ist nach Meinung der Fabrikanten ungesetzlich. Wir hier, viele Tausende, sowie das ganze russische Volk haben keine Menschenrechte. Durch Deine Beamten sind wir Sklaven geworden. Jeder, welcher wagte, von dem Schutze der Interessen des Arbeiterstandes zu sprechen, wurde ins Gefängnis geworfen. Der gesamte Arbeiter- und Bauernstand wurde der Willkür überlassen. Das Beamtentum besteht aus Räubern und Dieben an Staatsgeldern. Das Beamtentum brachte das Land in gänzliche Zerrüttung, bürdete ihm einen schimpflichen Krieg auf und führte Rußland immer mehr an den Rand des Untergangs. Das Volk ist jeder Möglichkeit beraubt, seine Wünsche und Forderungen auszudrücken und an der Festsetzung der Besteuerung und der Staatsausgaben teilzunehmen. Alles dies widerspricht menschlichem und göttlichem Recht. Wir wollen lieber sterben, als unter solchen Gesetzen weiterleben. Mögen unter solchen Verhältnissen die Kapitalisten und Beamten leben. Kaiser, hilf Deinem Volke! Vernichte die Scheidewand zwischen Dir und dem Volke. Möge das Volk vereint mit Dir regieren. Aus uns spricht nicht Dreistigkeit, sondern der Wunsch, aus einer uns allen unerträglichen Lage herauszukommen. Eine Volksvertretung ist unentbehrlich; es ist notwendig, daß das Volk selbst mitregiert; befiehl, daß die Vertreter aller Stände und Klassen, auch der Arbeiter berufen werden. Dies ist unsere Hauptbitte; wir haben aber auch noch andere.'
Die Petition zählt dann diese Wünsche auf, die sich hauptsächlich auf die verzweiflungsvolle Lage der Arbeiter beziehen und schließt:
,Befiehl die Erfüllung unserer Bitten, und Du machst Rußland glücklich, wenn nicht, so sterben wir hier. Wir haben nur zwei Wege: Freiheit und Glück oder das Grab; wir bringen gern unser Leben Rußland zum Opfer dar.'
Jeder Kommentar würde die Wirkung dieses Dokuments abschwächen.''
(zit. in: Leo Stern [Hg.], Die russische Revolution 1905–1907 im Spiegel der deutschen Presse. Archivalische Forschungen zur Geschichte der deutschen Arbeiterbewegung, Bd. 2/III, Berlin-Ost, 1961, S. 20 f.; abgedruckt in: V. Rothe, Die Russische Revolution. Geschichte im Unterricht. Entwürfe und Materialien, Kösel-Verlag München, 1974, S. 45 f.)

Q 2: Aus: Vorwärts Nr. 19, 22.1.1905:

,,Anlaß zu der ganzen Streikbewegung war nun, daß vier Arbeitern der Putilowschen Fabrik gekündigt wurde und die Arbeiter annahmen, daß der wahre Grund zu dieser Maßregelung ihre Zugehörigkeit zu dem Arbeiterverein sei. Die Arbeiter verlangten Wiedereinstellung ihrer Kollegen und Entlassung des Meisters, den die Schuld für die Kündigung trifft. Der Direktor weigerte sich, dem Wunsch der Arbeiter wegen der Entlassung des Meisters nachzukommen, am folgenden Tage erschienen aber bei ihm 34 Arbeiterdelegierte mit dem Priester Gapon an der Spitze und stellten ihre Forderungen in 12 Punkten auf, und zwar liefen diese auf das Folgende hinaus:

- Einführung des achtstündigen Arbeitstages,
- Wahl einer ständigen Arbeiterkommission, die gemeinsam mit Vertretern der Fabrikverwaltung zu entscheiden hat über die Höhe der Löhne und die Entlassung der Arbeiter,
- Einführung eines Minimallohnes von 1 Rubel pro Tag für männliche und 70 Kopeken für weibliche Handlanger,
- Abschaffung von Überstunden, bzw. doppelte Bezahlung für dieselben und Besserung der sanitären Verhältnisse der Arbeiter.

Gapon vertrat in zweistündiger Unterhandlung mit dem Fabrikdirektor die Forderungen der Arbeiter, doch dieser sowohl wie der Vorsitzende des Direktoriums der Aktiengesellschaft der Putilowschen Werke erklärten sich nicht für kompetent, den Arbeitern entgegenzukommen, sie wurden auf die Versammlung der Aktionäre, die in einem Monat stattfinden soll, verwiesen. Die ‚12 Punkte' der Putilowschen Arbeiterforderungen bildeten nun die Grundlage für die Forderungen der Arbeiter, die an den nächstfolgenden zwei Tagen – am 17. und 18. Januar (1905) – in Ausstand traten …''

„Am 9. Januar zogen schon am Vormittag große Menschenmengen durch die Straßen der Hauptstadt. Insgesamt nahmen an der Kundgebung etwa 140 000 Personen teil: Arbeiter, Frauen, Kinder, auch viele Neugierige. Die Demonstranten waren unbewaffnet; sie trugen Porträts des Zaren, Kirchenfahnen, Heiligenbilder. Während des Marsches wurden Choräle gesungen … Während das Volk dem Schloßplatz zuströmte, ereigneten sich bereits kleinere Zusammenstöße mit den Truppen. Aber erst als die Menge ihren Aufmarsch beendet und sich vor dem Winterpalais angestaut hatte, ertönte ein Hornsignal, worauf die Offiziere ein mörderisches Feuer eröffnen ließen. Während der Panik, die bei den ersten Schüssen entstand, wurde Gapon zu Boden geworfen und von seinen Freunden in Sicherheit gebracht. Die Salven auf das fliehende Volk dauerten an. Es gab mehr als tausend Tote und annähernd zweitausend Verwundete. Bis in die Nacht hinein setzte das Militär seine ‚Säuberungsaktion' mit unbeschreiblicher Grausamkeit fort. Man schoß sogar auf Knaben, die als Zuschauer die Bäume eines öffentlichen Parks erklettert hatten … Die Empörung über das vor dem Winterpalais angerichtete Blutbad rief eine Welle von Proteststreiks hervor; die Zahl der Streikenden überschritt Ende Januar eine halbe Million.''

Professoren, Studenten, Rechtsanwälte, Schriftsteller, Bäcker, Transportarbeiter solidarisierten sich nach und nach mit den Proletariern. Sogar ein großer Teil russischer Fabrikbesitzer machte Eingaben im Sinne freiheitlicher und demokratischer Forderungen.

(zit in: L. Stern [Hg.], Die russische Revolution 1905–1907, Bd. 2/III, Berlin-Ost, S. 17 ff.; abgedruckt in: V. Rothe, Die Russische Revolution, Kösel München, S. 44)

Fragen:
1. Welche Forderungen werden erhoben?
2. Wie lassen sich diese ideologisch einordnen?

4. Stunde:
Die Februarrevolution

Vorbemerkung:

In dieser Stunde soll der Zusammenbruch des Zarismus und die Entstehung der „Notstandsdemokratie", der „Doppelherrschaft" von Provisorischer Regierung und Räteorganen den Schülern vermittelt und in ihrer Problematik nahegebracht werden.
Die Periode des „Scheinkonstitutionalis-

mus" soll nur soweit behandelt werden, wie die ihn prägenden Kräfte für den Ausbruch der Revolution verantwortlich waren.
Der Kurs der Innenpolitik der Jahre 1907–14 läßt sich als „repressive Pazifizierungsstrategie" (Geyer II, S. 124) verstehen, „die zur Anpassung an den sozialökonomischen Wandel oder zur Transformation des bürokratischen Polizeistaates nicht mehr fähig war".
Daraus läßt sich ableiten, daß der Krieg die sich verschärfende soziale Krisensituation zeitweilig zurückgedrängt hat (der Ausbruch

des Krieges schmiedete für kurze Zeit ein Band um Herrscher und große Teile des Volkes; vgl. auch „Streikbewegung 1903–17"), aber dann nach drei Kriegswintern und zunehmenden wirtschaftlichen Schwierigkeiten eine „spontane Massenbewegung" entfacht hat, an deren Ende der rasche Kollaps der Zarenmonarchie stand. Der Krieg wirkte somit als „Beschleuniger im Dekompositionsprozeß" (Geyer I, S. 55) des Zarismus. Die aus der Februarrevolution hervorgegangene „Doppelherrschaft" und die darin weiterbestehenden Probleme lernen die Schüler durch den Vergleich zweier Deklarationen – der Provisorischen Regierung und der Petrograder Räte – kennen.

Anhand der Februarrevolution ist es möglich, das Thema Krieg und Revolution ausführlicher zu diskutieren. Es bietet sich an, die Situation der Februarrevolution mit der der Revolution von 1905 zu vergleichen.

Eine andere Möglichkeit wäre, von einem Text aus der Sekundärliteratur ausgehend (s. Textbeilage), den Zusammenhang von wirtschaftlich-sozialer Krise – Krieg – Reformen zu behandeln, wobei es möglich ist, Stalins „Revolution von oben" mitzudiskutieren.

Ziele der Stunde:

Die Schüler erkennen,
– daß der innenpolitische Kurs der Regierung von 1907–14 als „repressive Pazifizierungsstrategie" verstanden werden kann;
– daß die permanente Agrarkrise und die Instabilität der Industrie wesentliche Faktoren beim Ausbruch der Februarrevolution waren;
– daß der Krieg als „Beschleuniger im Dekompositionsprozeß" wirkte;
– daß die Februarrevolution eine spontane Massenbewegung war;
– daß als vorläufiges Ergebnis eine Doppelherrschaft von Provisorischer Regierung und Räteorganen herauskam.

Die Schüler erarbeiten
– aus einer Zeittafel die politische Situation vor dem Ausbruch der Revolution;
– aus einer Statistik und einem Text die wirtschaftlich-soziale Situation vor Ausbruch der Revolution.

Die Schüler formulieren Begriffe zu der jeweiligen politischen Lage.

Die Schüler antizipieren Probleme, die sich aus der Doppelherrschaft ergeben könnten.

Verlaufsskizze:

Unterrichtsschritt 1:

Die Schüler erarbeiten aus der Zeittafel (s. Hektographie-Vorschlag) die politische Entwicklung der Jahre nach der Revolution von 1905 bis zum Kriegsausbruch. Zwei Probleme sollen besprochen werden, nämlich einmal der „Scheinkonstitutionalismus" und zum anderen die Agrarreform von Stolypin. Beim „Scheinkonstitutionalismus" soll den Schülern die parlamentarisch verbrämte Form dieser „Verfassung" klar werden. Es bietet sich auch hier ein Vergleich mit dem deutschen Reich an. Der Lehrer liest den Artikel 4 vor: „Dem Kaiser von Rußland gehört die Oberste Selbstherrschende Gewalt. Seiner Gewalt nicht nur aus Furcht, sondern auch aus Gewissenspflicht zu gehorchen, befiehlt Gott selbst." Daß hier die bisherige Bezeichnung „unbeschränkt" fehlt, ist auf die Mitwirkung der Duma bei der Gesetzgebung zurückzuführen (Hof- und Militärangelegenheiten ausgeschlossen). Die Duma besaß außerdem ein Interpellations- und Budgetrecht. Die Minister jedoch waren dem Zar verantwortlich; er besaß ein unbeschränktes Vetorecht, konnte Notstandsmaßnahmen als solche anerkennen und den Ausnahmezustand erklären, Gesetze aufheben (außer über Reichsduma, Reichsrat und Wahlordnung (!). Die Ohnmacht der Duma kann den

Schülern am Verfassungsbruch (Wahlrechtsänderung 1907) des Zaren gezeigt werden. Nach dieser Information sollten die Schüler aufgefordert werden, diese Politik zu beurteilen, Begriffe dafür zu formulieren und Probleme zu antizipieren.

Unterrichtsschritt 2:

Die Schüler lernen, daß neben dem „Scheinkonstitutionalismus" die Stolypinsche Reform der Bedrohung von innen begegnen sollte. Durch die Stolypinsche Reform sollte eine leistungsfähige Landwirtschaft geschaffen werden, die nicht nur krisenfest, sondern so strukturiert war, daß sie durch Export die Industriepolitik hätte stützen können. Es ist sinnlos, daran herumzudeuteln, was geschehen wäre, wenn der Krieg beginnende positive Auswirkungen dieser Reform nicht unterbrochen hätte. Die Reformmaßnahmen lernen die Schüler aus der Zeittafel und durch Lehrerinformation kennen; die Instabilität des Verhältnisses von Landwirtschaft und Industrie erarbeiten sie mit Hilfe des Zahlenmaterials (s. Hektographie-Vorschlag; aus den vorliegenden Zahlen sollte eine sinnvolle Auswahl getroffen werden). Dabei müssen Lehrerausführungen die Ergebnisse der Schüler ergänzen. Durch offene Fragestellung sollten die Schüler die soziale Notlage der Bevölkerung während des Krieges ermessen können. Eine Anregung sollen die im Stundenblatt formulierten Fragen bieten. Bei der Besprechung des Verhältnisses von Reallohn und Preissteigerung ist herauszuarbeiten, daß die Rüstungsindustrie, durch staatliche Intervention gestützt, gewaltige Produktionssteigerungen zu verzeichnen hatte, die Konsumgüterindustrie jedoch keine Waren anzubieten hatte, worauf die für den Markt produzierenden Bauern weniger ablieferten, was zu Preissteigerungen führte (vgl. R.Lorenz, Rußland, S. 266). Ergänzend sollte dargestellt werden, daß arbeitsfähige Bauern durch die Armee den Dörfern entzogen wurden und daß in der Stadt eine kriegsbedingte Fluktuation im proletarischen Milieu dadurch zu erkennen war, daß Frauen und Jugendliche in der Industrie eingesetzt wurden; beides sind Faktoren, die die sozialen Probleme verschärften.

Ein Tafelanschrieb sollte die politischen, wirtschaftlichen und sozialen Probleme zusammenfassen und später in Bezug zum Problem „Krieg" bringen.

Unterrichtsschritt 3:

Die Schüler erarbeiten mit Hilfe der Zeittafel und der Übersicht über die Kriegskosten die Bedeutung des Krieges für den Ausbruch der Februarrevolution. Ergänzt werden sollte, daß sich die militärische Lage seit 1915 für Rußland ständig verschlechterte und daß durch das Scheitern der Brussilow-Offensive erste Zersetzungserscheinungen der Armee einsetzten.

Folgende Fakten könnten die Situation veranschaulichen: 8 Millionen Tote, Verwundete, Vermißte bis zum Februar 1917, Offizierskorps geschwächt, Truppen immer schlechter ausgerüstet, Rohstoffmangel, Transport- und Versorgungsschwierigkeiten; miserable Finanzlage. Durch diese Ausführungen soll dem Schüler vermittelt werden, daß wachsende soziale Not und psychologische Belastungen Heer und Bevölkerung demoralisierten und sie zu einem Risikofaktor für den Staat machten.

Der Krieg, anfangs als Ablenkung begrüßt, beschleunigte nun den Zerfall des Zarismus. Im Tafelanschrieb sollte diese Tatsache in ihrer Wechselwirkung mit politisch-wirtschaftlichen und sozialen Aspekten dargestellt werden.

Der Ausbruch der Revolution und der Zusammenbruch des Zarismus kann knapp behandelt werden. Betont werden muß, daß es sich hierbei eben nicht um eine organisierte Revolution gehandelt hat, sondern um eine spontane Massenbewegung, von der auch die Bolschewiki überrascht wurden.

Unterrichtsschritt 4:

Durch zwei Quellentexte sollen die beiden Kräfte, die später eine „Doppelherrschaft" bildeten, vorgestellt werden. Da die Texte recht umfangreich sind, sollte man sie – mit Fragen – als Hausaufgabe vorbereiten lassen.

Fragen zur „Deklaration der Provisorischen Regierung über ihre Zusammensetzung und ihre Aufgaben" vom 3./16.3.1917 (s. Vorschlag für ein Arbeitsblatt):
1. Wie ist die Zusammensetzung des Kabinetts zu beurteilen?
2. Welche Prinzipien überraschen Sie am meisten?
   Eventuelle Zusatzfrage: Wie läßt sich diese Tatsache erklären?
3. Welches sind die wichtigsten Prinzipien? Welche Bezeichnungen könnte man ihnen geben?
4. Wie beurteilen Sie die Prinzipien vor dem Hintergrund der russischen Konflikte?

Zur Zusammensetzung des Kabinetts sind folgende Zusatzinformationen möglich: Miljukow war der Kadettenführer, Gutschkow – Oktobrist, Konowalow – Textilmagnat, Tereschtschenko – Zuckermillionär. Der Lehrer sollte auch darauf verweisen, daß die Provisorische Regierung aus längeren Verhandlungen zwischen dem Duma-Komitee und den Sowjetsprechern zustande kam, daß das Kabinett kein Koalitionskabinett war; als einzige personelle Klammer fungierte Alexander Kerenskij (Jurist). Im fragend-entwickelnden Verfahren sollten die „bürgerlichen" und „radikaldemokratischen" Tendenzen herausgearbeitet werden.
Bei der Beantwortung der Frage 3 sollte der Tafelanschrieb weitergeführt werden (siehe Stundenblatt).

Fragen zum „Befehl Nr. 1 des Petrograder Sowjets der Arbeiter- und Soldatendeputierten an die Garnison des Petrograder Militärbezirks" (1./14.3.1917):

1. Welche Prinzipien stehen hinter diesen Forderungen? (Tafelanschrieb ergänzen!)
2. Welche Ziele sollen mit dem „Befehl Nr. 1" verfolgt werden?
3. Gegen wen scheint dieser „Befehl" gerichtet, und welche Folgen hat er Ihrer Meinung nach gehabt?

Der „Befehl Nr. 1" zielte also auf die Truppen, wollte die Revolution an der Front und im Land fortsetzen. Die Demokratisierung der Armee mußte letztlich zur Entmachtung des Armeekorps führen: Jeder militärische Befehl war diskussionswürdig und durfte nicht gegen die Prinzipien der Sowjets verstoßen. Hier wäre die Frage nach der Macht zu stellen, ausgehend von dem in der Forschung üblichen Begriff „Doppelherrschaft". Handelte es sich wirklich um eine „Doppelherrschaft"? Wer hatte das Übergewicht? Hieran sollte sich der direkte Vergleich anschließen. Folgende Fragen könnten gestellt werden: 1. Was haben beide Seiten gemeinsam? Was trennt sie? 2. Wie beurteilen Sie die Erfolgschancen dieser Doppelherrschaft zur Lösung der russischen Probleme? 3. In welchen Bereichen könnten Konfliktstoffe liegen?
Nachdem die Schüler in dieser Stunde Ursachen, Verlauf und vorläufiges Ergebnis kennengelernt haben, ist es wichtig, daß sie am Ende die Probleme dieser „Doppelherrschaft" erkennen: Wie sollte die Frage des Krieges, wie das Drängen der russischen Bauern nach Aufteilung des Bodens, wie sollten die Forderungen der Arbeiter nach höheren Löhnen, besseren Arbeitsplätzen, nach Mitbestimmung von dieser „Doppelherrschaft" gelöst werden? (Die sezessionistischen Tendenzen der nichtrussischen Völkerschaften können im Unterricht nicht ausführlich behandelt werden, sollten aber als Problem genannt werden!)

Vorschlag für ein Arbeitsblatt

zu U'schritt 2: Preise und Löhne 1914–17

Preise für andere Gebrauchsgüter (in Rubel und Kopeken)

	August 1914	August 1917	proz. Erhöhung
Kattun (Arschin)	0,11	1,40	1173
Baumwollstoff (Arschin)	0,15	2,00	1233
Kleiderstoff (Arschin)	2,00	40,00	1900
Wolltuch (Arschin)	6,00	80,00	1233
Herrenschuhe (Paar)	12,00	144,00	1097
Sohlenleder (Arschin)	20,00	400,00	1900
Überschuhe (Paar)	2,50	15,00	500
Herrenanzug	40,00	400–455,00	900–1109
Tee (Pfund)	4,50	18,00	300
Zündhölzer (Karton)	0,10	50,00	400
Seife (Pud)	4,50	40,00	730
Benzin (Wedro)	1,70	11,00	547
Kerzen (Pud)	8,50	100,00	1076
Karamellen (Pfund)	0,30	4,50	1400
Brennholz (Fuhre)	10,00	120,00	1100
Holzkohle	0,80	13,00	1525
Verschiedene Metallwaren	1,00	20,00	1900

Tageslöhne (in Rubel)

Berufe	Juli 1914	Juli 1916	August 1917
Tischler und Zimmerleute	1,60–2,00	4,00–6,00	8,50
Erdarbeiter	1,30–1,50	3,00–3,50	–
Maurer und Stukkateure	1,70–2,35	4,00–6,00	8,00
Maler, Polsterer	1,80–2,20	3,00–5,50	8,00
Schmiede	1,00–2,25	4,00–5,00	8,50
Ofensetzer und Schornsteinfeger	1,50–2,00	4,00–5,50	7,50
Schlosser	0,90–2,00	3,50–6,00	9,00
Hilfsarbeiter	1,00–1,50	2,50–4,50	8,00

Zit. nach Richard Lorenz, Anfänge der bolschewistischen Industriepolitik, Köln 1965, S. 28 f.

Lebensmittelpreise (in Rubel und Kopeken)

	August 1914	August 1917	proz. Erhöhung
Schwarzbrot (Pfund)	0,02	0,12	330
Weißbrot (Pfund)	0,05	0,20	300
Rindfleisch (Pfund)	0,22	1,10	400
Kalbfleisch (Pfund)	0,26	2,15	727
Schweinefleisch (Pfund)	0,23	2,00	770
Hering (Pfund)	0,06	0,52	767
Käse (Pfund)	0,40	3,50	754
Butter (Pfund)	0,48	3,20	557
Eier (Dutzend)	0,30	1,60	443
Milch (Krug)	0,07	0,40	471

(aus: Weltgeschichte im Aufriß 3/1, Diesterweg S. 95/96)

Fragen:
1. Welche Erhöhungen fallen besonders auf?
2. Wo könnten die Ursachen der Preiserhöhung liegen?
3. Welches Verhältnis besteht zwischen Preissteigerungen und Reallöhnen?

zu Unterrichtsschritt 3: Zunahme der Kriegskosten

1914	1234 Millionen Rubel
1915	1820 Millionen Rubel
1916	14573 Millionen Rubel
1917	22471 Millionen Rubel

Vorschlag für eine Hektographie

Zeittafel zur Russischen Revolution

1907–12	nach Änderung des Wahlrechts 3. Duma
1914	der 1. Weltkrieg beginnt
4. 11.	bolschewistische Deputierte in der Staats-Duma werden nach Sibirien verbannt
1915	Mai–Okt.: Verlust Polens, Litauens, Kurlands
	Sept.: Internationaler Sozialistenkongreß in Zimmerwald (Schweiz): „Nieder mit dem Krieg!" (2. Kongreß 1916)
1916	Scheitern der 2. und 3. Brussilow-Offensive
5. 11.	Proklamation des Kgr. Polen durch die Mittelmächte
1917	Berufsrevolutionäre im Ausland bzw. in Verbannung
	Polizei scheinbar Herr der Lage
	3. Kriegswinter
23. 2.	„Internationaler Frauentag" (soz. Feiertag), Versammlungen
24. 2.	Frauen treten in den Streik, schicken Delegierte zu Metallarbeitern, Marsch ins Zentrum: „Nieder mit der Autokratie!" und „Nieder mit dem Krieg!" (Arbeiter, Mittelschicht, Studenten. Kosaken verhalten sich zurückhaltend.)
25. 2.	240000 Arbeiter im Streik, Geschäftsleben ruht, Straßenbahnverkehr eingestellt. Schüler höherer Schulen schließen sich Streikenden an. Polizei eröffnet das Feuer. 3 Tote, 10 Verletzte. Bolschewistisches Zentralkomitee ruft zum Generalstreik auf (!)
26. 2.	Absperrungen im Zentrum, Truppen eröffnen Feuer: 40 Tote. Meuterei im Regiment Pawlov. Kontakte zwischen Arbeitern und Soldaten werden enger. Wendepunkt: Soldaten schießen auf Polizei
27. 2.	der Funke springt auf Garderegimenter über, Kommandeure werden z. T. niedergemacht, politische Gefangene befreit;
28. 2.	nur noch wenige Einheiten auf Seiten des bisher herrschenden Regimes, Verhaftungen ehemaliger Minister, Polizisten, Mitgliedern der Geheimpolizei – Regierungsapparat des Zarentums bricht zusammen; Bildung des Arbeiter- und Soldatenrats
1. 3.	Errichtung der Provisorischen Regierung; „Befehl Nr. 1" des Petrograder Arbeiter- und Soldatenrats
2. 3.	Zar dankt ab – Sieg der Februarrevolution
10. 3.	Installierung einer Kontaktkommission zwischen Regierung und Sowjets; Rollenverteilung zur Verhinderung eines machtpolitischen Dualismus
14. 3.	Der Sowjet richtet über Funk einen Appell „an alle Völker der Welt" und fordert einen Frieden „ohne Annexionen und Kontributionen"
3. 4.	Ankunft Lenins in Petrograd
4. 4.	Lenin verkündet seine „Aprilthesen"
6. 4.	Eintritt der USA in den Krieg
18. 4.	Außenminister Miljukow: Für Fortsetzung des Krieges „bis zum Endsieg" löst Protestdemonstrationen aus. Miljukow muß zurücktreten
4. 5.	Trotzkij kehrt aus USA zurück
5. 5.	Umbildung der Provisorischen Regierung: Kerenskij Kriegsminister (Vorgänger Gučkov trat zurück, weil er sich außerstande sah, Befehlsgewalt aufrecht zu erhalten, weil Armee Befehle durch Abstimmungen aufhob); zwei Sozialrevolutionäre, zwei Menschewiki im Kabinett: Koalition zwischen „bürgerlicher und revolutionärer Demokratie"
Juni/Juli	Anfangserfolge und Scheitern der Kerenskij-Offensive
3. 6.	I. Allrussischer Sowjetkongreß: 105 Delegierten der Bolschewiki stehen 285 Sozialrevolutionäre und 248 Menschewiki gegenüber. Die Mehrheit billigt die Kriegspolitik der Regierung.

18. 6.	Eine von den Menschewiki und Sozialrevolutionären veranstaltete Demonstration wird zu einer pro-bolschewistischen umfunktioniert; Slogans: „Nieder mit den 10 kapitalistischen Ministern!", „Alle Macht den Räten!", „Schluß mit dem Krieg!", „Brot, Friede, Freiheit!"
2. 7.	Protest kriegsmüder Soldaten und Arbeiter gegen die von der Provisorischen Regierung begonnene Offensive. Bolschewisten unterstützen die Demonstration, müssen nach Niederschlagung des Aufstands in den Untergrund gehen. Lenin nach Finnland
6. 7.	Kerenskij-Offensive bricht total zusammen
7. 7.	Kerenskij bildet als Ministerpräsident eine „Regierung zur Rettung der Revolution"
12. 7.	Todesstrafe in der Armee wieder eingeführt
16. 7.	Kornilov Oberbefehlshaber der Armee
24. 7.	Die „Regierung zur Rettung der Revolution" wird durch eine Koalitionsregierung ersetzt, der auch Kadetten angehören
12. 8.	Kornilov plant Handstreich gegen die Regierung für 27. 8.
18.–20. 8.	die Deutschen durchbrechen die russische Nordfront und besetzen Riga; Petrograd in Gefahr
27. 8.	zu spät versucht Kerenskij, Kornilov seines Postens zu entheben; der General mißachtet die ihm erteilten Befehle und setzt seine Truppen gegen Petrograd in Marsch; Vormarsch
28.–30. 8.	bricht zusammen, da eilig organisierte Arbeiter den Vormarsch sabotieren und Truppen desertieren
9. 9.	*Petersburg:* Septemberwahlen für die Arbeitersowjets Bolschewiki: 13 Sitze Sozialrevolutionäre: 6 Sitze Menschewiki: 3 Sitze für Soldatensowjets: Sozialrevolutionäre 10, Bolschewiki 9, Menschewiki 3 Sitze *Moskau:* Arbeitersowjets: Bolschewiki 32, Menschewiki 16, Sozialrevolutionäre 3 Sitze für die Soldatensowjets: Sozialrevolutionäre 26, Bolschewiki 16, Menschewiki 9 Sitze
14. 9.	in Petrograd wird eine „Demokratische Konferenz" einberufen
21. 9.	sie endet mit der Wahl eines „Vorparlaments". Allrussischer Sowjet-Kongreß für 20. Oktober einberufen
24. 9.	Ministerpräsident Kerenskij bildet die letzte Koalitionsregierung
7. 10.	die Bolschewiki verlassen das Vorparlament
9. 10.	der Petrograder Sowjet beschließt die Bildung eines „Militärrevolutionären Komitees"
10. 10.	Lenin erzwingt in der Sitzung des Zentralkomitees den Beschluß zum bewaffneten Aufstand
13. 10.	der Petrograder Sowjet beschließt die Übertragung aller militärischen Befugnisse auf das „Militärrevolutionäre Komitee"
16. 10.	Gegen die Opposition von Kamenew und Sinowjew bestätigt das bolschewistische Zentralkomitee Lenins Entschließung zugunsten eines sofortigen bewaffneten Aufstands
22. 10.	Massenversammlungen in Petrograd; Vorbereitungen zum Aufstand
24. 10.	Die Provisorische Regierung verkündet den Ausnahmezustand, trifft gesetzliche Maßnahmen gegen das Militärrevolutionäre Komitee und die bolschewistische Presse, ordnet Verlegung loyaler Truppen in die Hauptstadt an. Diese Anordnungen werden nicht mehr ausgeführt *Lenin:* „Unter Aufbietung aller Kräfte bemühe ich mich, die Genossen davon zu überzeugen, daß jetzt alles an einem Haar hängt, daß auf der Tagesordnung Fragen stehen, die nicht durch Konferenzen, nicht durch Kongresse ... entschieden werden, sondern ausschließlich durch die Völker, durch die Masse, durch den Kampf der bewaffneten Massen."
25. 10.	Bewaffneter Aufstand beginnt um 2 Uhr morgens. Gegen Mittag wird Vorparlament durch Truppen aufgelöst. Um 21 Uhr beginnen militärische Operationen gegen Winterpalais (Sitz der Provisorischen Regierung). Um 23 Uhr wird der II. Allrussische Sowjetkongreß im Smolny-Institut eröffnet. Winterpalais erstürmt.
26. 10.	Mitglieder der Provisorischen Regierung werden verhaftet. Der II. Allrussische Sowjetkongreß verabschiedet grundlegende Dekrete über den Frieden und den Landbesitz; er etabliert eine neue Regierung, den „Rat der Volkskommissare" (bolschewistische Schöpfung)

27. 10.	Kerenskij auf Vormarsch nach Petrograd, Kämpfe in Moskau
29. 10.	Aufstand der Militärkadetten in Petrograd erfolglos
1. 11.	Kerenskij flieht
2. 11.	Bolschewisten übernehmen auch in Moskau die Macht; den einzelnen Völkern des bisherigen Zarenreichs wird das uneingeschränkte Recht auf freie Selbstbestimmung zugesichert
12. 11.	Wahlen zur Konstituante, „die erste und einzige frei und demokratisch gewählte Volksvertretung Rußlands" (Geyer): Bolschewiki 24% (175 Abgeordnete), sozialistische Parteien 62%, bürgerliche 13%
14. 11.	Verfügung über die Arbeiterkontrolle
17. 12.	Waffenstillstand von Brest-Litowsk

Vorschlag für ein Arbeitsblatt

Befehl Nr. 1 des Petrograder Sowjets der Arbeiter- und Soldatendeputierten an die Garnison des Petrograder Militärbezirks (1./14. 3. 1917)

An die Garnison des Petrograder Militärbezirks, allen Soldaten der Garde, des Heeres, der Artillerie und der Flotte zur unverzüglichen und genauen Ausführung, und an die Arbeiter von Petrograd zur Kenntnisnahme.
Der Sowjet der Arbeiter- und Soldatendeputierten hat beschlossen:
1. In allen Kompanien, Bataillonen, Regimentern, Depots, Batterien, Eskadronen und allen selbständigen Dienststellen der verschiedenen militärischen Verwaltungen und auf den Schiffen der Kriegsflotte sind unverzüglich Komitees aus gewählten Vertretern der Mannschafts-Dienstgrade der oben genannten Truppenteile zu wählen.
2. In allen militärischen Einheiten, die ihre Vertreter in den Sowjet der Arbeiterdeputierten noch nicht gewählt haben, sind je ein Vertreter von jeder Kompanie zu wählen, die mit einer schriftlichen Bescheinigung in dem Gebäude der Staats-Duma am 2. März um 10 Uhr vormittags zu erscheinen haben.
3. In allen politischen Angelegenheiten untersteht jede militärische Einheit dem Sowjet der Arbeiter- und Soldatendeputierten und den eigenen Komitees.
4. Die Befehle der militärischen Kommission der Staats-Duma sind zu befolgen, mit Ausnahme solcher Fälle, wo sie den Befehlen und Beschlüssen des Sowjet der Arbeiter- und Soldatendeputierten widersprechen.
5. Die Waffen aller Art, als da sind: die Gewehre, die Maschinengewehre, die Panzerspähwagen und die übrigen sollen sich zur Verfügung und unter der Kontrolle der Komitees der Kompanien und Bataillone befinden und *dürfen unter keinen Umständen an die Offiziere ausgehändigt werden,* auch nicht auf deren Verlangen hin.
6. An der Front und bei der Ausübung der Dienstobliegenheiten sollen die Soldaten strengste militärische Disziplin wahren, doch außerhalb des Dienstes und der Formation dürfen die Soldaten in ihrem politischen, bürgerlichen und privaten Leben in keiner Weise in den Rechten geschmälert werden, über die alle Bürger verfügen. Insbesondere wird die Achtstellung und die unbedingte Ehrenbezeugung außerhalb des Dienstes abgeschafft.
7. Ebenso wird die Titulierung der Offiziere: Exzellenz, Euer Wohlgeboren und d. g. m. abgeschafft und durch die Anrede: Herr General, Herr Oberst usw. ersetzt.
Die grobe Behandlung der Soldaten durch alle militärischen Dienstgrade sowie vor allem das Duzen der Soldaten wird verboten, und jede Zuwiderhandlung muß genauso wie alle Mißverständnisse zwischen Offizieren und Soldaten von den letzteren an die Kompanie-Komitees gemeldet werden.
Dieser Befehl ist in allen Kompanien, Bataillonen, Regimentern, Batterien, allen Schiffsbesatzungen und allen übrigen Kampf- und Einsatz-Einheiten vorzulesen.

Der Petrograder Sowjet
der Arbeiter- und Soldatendeputierten

(Zit. nach: Der Sowjetkommunismus – Dokumente, Bd. I: Die politisch-ideologischen Konzeptionen. Hrsg. von Hans-Joachim Lieber und Karl-Heinz Ruffmann, Köln 1963, S. 121 f.; in: Weltgeschichte im Aufriß 3/1, S. 104/105)

Fragen:
1. Welche Prinzipien stehen hinter diesen Forderungen?
2. Welche Ziele sollen mit dem „Befehl Nr. 1" verfolgt werden?
3. Gegen wen scheint dieser Befehl gerichtet zu sein und welche Folgen hat er Ihrer Meinung nach gehabt?

Vorschlag für ein Arbeitsblatt

Deklaration der Provisorischen Regierung über ihre Zusammensetzung und ihre Aufgaben (3./16. 3. 1917)

Bürger!
Das Provisorische Komitee der Mitglieder der Reichsduma hat mit Unterstützung und Zustimmung der Truppen und der Bevölkerung der Hauptstadt jetzt ein solches Maß an Erfolg über die finsteren Mächte des alten Regimes errungen, daß es ihm möglich ist, an eine festere Organisation der Exekutivgewalt heranzugehen.
Zu diesem Zweck ernennt das Provisorische Komitee der Reichsduma als Minister des ersten öffentlichen Kabinetts folgende Personen, zu denen das Vertrauen des Landes durch ihre frühere öffentliche und politische Tätigkeit gewährleistet ist:
Vorsitzender des Ministerrates und Innenminister – *Fürst G. E. Lwow*
Außenminister – *P. N. Miljukow* (Kadetten-führer)
Kriegs- und Marineminister – *A. I. Gutschkow*
Minister für das Transportwesen – *N. W. Nekrassow*
Minister für Handel und Industrie – *A. I. Konowalow* (Textilmagnat)
Finanzminister – *M. I. Tereschtschenko* (Zuckermillionär)
Erziehungsminister – *A. A. Manuilow*
(Ober-)Prokurator der Heiligen Synode – *W. N. Lwow*
Landwirtschaftsminister – *A. I. Schingarew*
Justizminister – *A. F. Kerenski* (Jurist)
In seiner gegenwärtigen Tätigkeit wird sich das Kabinett von folgenden Prinzipien lenken lassen:
1. Vollständige und sofortige Amnestie in allen politischen und religiösen Fällen, einschließlich: terroristische Attentate, militärische Aufstände, landwirtschaftliche Verbrechen usw.
2. Die Freiheit der Rede, der Presse, des Zusammenschlusses, der Versammlungen und des Streiks, unter Ausdehnung der politischen Freiheiten auf Personen, die im Militärdienst stehen, innerhalb der militärisch-technisch gebotenen Grenzen.
3. Abschaffung aller ständischen, konfessionellen und nationalen Beschränkungen.
4. Sofortige Vorbereitung zur Einberufung der Konstituierenden Versammlung auf der Grundlage der allgemeinen, gleichen, geheimen und direkten Wahlen, die die Regierungsform und die Verfassung des Landes festlegen wird.
5. Ersetzung der Polizei durch Volksmiliz mit gewählter Führung, die den Organen der lokalen Selbstverwaltung unterstellt ist.
6. Wahlen zu den Organen der lokalen Selbstverwaltung auf der Grundlage der allgemeinen, direkten, gleichen und geheimen Wahlen.
7. Die militärischen Einheiten, die an der revolutionären Bewegung teilgenommen haben, werden nicht entwaffnet oder aus Petrograd verlegt.
8. Bei der Aufrechterhaltung der strengen militärischen Disziplin an der Front und bei der Erfüllung des militärischen Dienstes werden für die Soldaten alle Beschränkungen der allgemeinen Rechte, die auch anderen Bürgern zustehen, aufgehoben.
Die Provisorische Regierung erachtet es als ihre Pflicht, hinzuzufügen, daß sie keineswegs beabsichtigt, die Umstände der Kriegszeit zu einer Verzögerung bei der Verwirklichung der oben genannten Reformen und Maßnahmen auszunutzen.

      Präsident der Reichsduma: *M. Rodsjanko*
      Vorsitzender des Ministerrats: *Fürst Lwow*
      Die Minister: *Miljukow, Nekrassow, Manuilow, Konowalow,*
      Tereschtschenko, W. Lwow, Schingarew, Kerenski

(Zit. nach: Der Sowjetkommunismus, a. a. O., S. 122 f., in: Weltgeschichte im Aufriß 3/1, S. 105/106)

Fragen:
1. Wie ist die Zusammensetzung des Kabinetts zu beurteilen?
2. Welche der Prinzipien überraschen Sie am meisten?
3. Welches sind die wichtigsten Prinzipien? Wie könnte man sie bezeichnen?
4. Wie beurteilen Sie die Prinzipien vor dem Hintergrund der russischen Konflikte?

Tafelbild (4. Stunde)

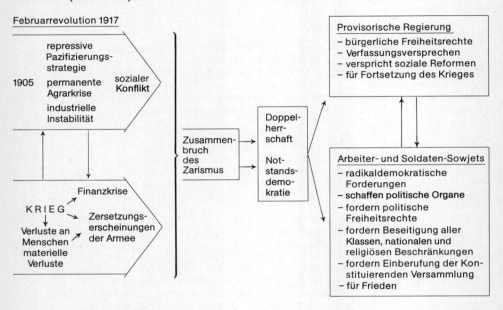

2. Die russische Oktoberrevolution und Lenins 'sozialistisches Experiment' (6 Stunden)

5./6. Stunde:
Lenins Theorie von Revolution und Partei im Vergleich zur Lehre von Karl Marx (Marxismus-Leninismus)

Vorbemerkung:

Die zwei Stunden haben die durch Lenin vorgenommenen Veränderungen an der Lehre von Marx zum Inhalt, die für die Umgestaltung der bürgerlichen Revolution in die 'proletarische' Revolution wesentlich sind. Die Schüler sollen daraus erkennen, daß nach Marx Revolutionen nur im Gefolge einer universellen ökonomischen Krise möglich sind, in der die antagonistischen Klassen einander gegenüberstehen, und daß dies Bedingungen sind, die nur in hochindustrialisierten kapitalistischen Ländern anzutreffen sind.
An Lenins Imperialismustheorie wird gezeigt, wie Lenin zu erklären versuchte, daß die Revolution in den am höchsten entwickelten Ländern nicht stattfand, aber im „unterentwickelten" Rußland möglich sei. Die

Modifizierungen der Marxschen Theorie sollen erarbeitet werden, gleichzeitig aber auch die Wiederbelebung der Behauptung, daß die Revolution unvermeidlich sei. Ausgehend von der „Ungleichmäßigkeit" der kapitalistischen Entwicklung, von ihren Widersprüchen, die Lenin als „unbedingtes Gesetz des Kapitalismus" ansieht, soll die Revolutionstheorie vermittelt werden. Von einer Beschreibung der konkreten Situation in Rußland ausgehend, haben die Schüler die Möglichkeit, Lenins Umgang mit der Basis-Überbau-Theorie zu durchschauen.

In der zweiten Stunde lernen die Schüler das Instrument für eine siegreiche Revolution kennen: Lenins Typ der Partei, die den spontanen Aufschwung der Arbeiterschaft entfalten und vor allem organisieren soll.

Neben der Partei-Theorie lernen die Schüler, vorwiegend durch Textarbeit, Lenins Vorstellung von der Diktatur des Proletariats kennen.

Ziele der Stunden:

Die Schüler erkennen
– die Revolutionslehre von Marx;
– die Imperialismustheorie Lenins;
– die Bedeutung und Funktion, die Lenin der Organisation der Partei beimißt;
– die Organisationsform und Prinzipien der Partei Lenins;
– die Bedeutung der Massen für die Partei.

Die Schüler erarbeiten
– die Veränderungen, die Lenin gegenüber Marx vorgenommen hat;
– aus Quellen die Bedeutung der Leninschen Parteikonzeption.

Die Schüler beurteilen
– die von Lenin vorgenommene Umformung der Lehre von Marx;
– die Funktion der Partei für die politische Praxis, Legitimität und Partizipationsmöglichkeiten in Parteien.

5. Stunde

Verlaufsskizze:

Unterrichtsschritt 1:

Herausgearbeitet werden sollen im Unterrichtsgespräch die Aussagen von Marx zur Revolution. Dies kann mit folgenden Leitfragen geschehen:

1. Unter welchen Voraussetzungen ist nach Marx eine Revolution möglich?
2. Was sagt Marx über Dauer, Verlauf der Revolution, deren Träger und die Rolle der Partei?

Erwartete Antworten:

Die Revolution erfolgt in Ländern mit weit fortgeschrittener Industrialisierung und hoher Stufe des Kapitalismus. Sie ist nur von kurzer Dauer, da nur noch wenige Monopolkapitalisten enteignet werden müssen. Nach dieser kurzen Phase des Sozialismus beginnt der Übergang zum Kommunimus. Marx erkennt als revolutionäre Situationen nur solche an, in denen es bereits ein klassenbewußtes, einheitliches Proletariat gibt, das die antagonistische Struktur kapitalistischer Gesellschaftsformen begreift und deren Negation auf revolutionären Weg zu leisten vermag. Die Partei versteht Marx lediglich als Vorhut der revolutionären Arbeiterklasse, als Massenorganisation mit demokratischer Ordnung. Die soziale, proletarische Revolution wird eine weltgeschichtliche sein, deren Entstehen jedoch abhängig ist von der vorherigen Analyse der jeweiligen ökonomischen, historischen, kulturellen und sozialen Vorbedingungen.

Da die Wiederholung der Marxschen Revolutionstheorie von den Voraussetzungen der jeweiligen Unterrichtsgruppe abhängt, bleibt es dem Lehrer überlassen, inwieweit er die Ergebnisse im Tafelbild festhält.

Unterrichtsschritt 2:

Textauswertung: Lenins Imperialismustheorie (Zeiten und Menschen G 2, Bd. II, S. 295 f.)

Man kann an den *Text* mit folgenden Fragen herangehen:

1. Inwiefern weicht Lenin von Marx ab?
2. Wo sind Parallelen zu Marx zu erkennen?
3. Wie ist die Entstehung der „Arbeiteraristokratie" zu erklären und welche Probleme ergeben sich daraus?

Die Imperialismustheorie soll im Zusammenhang der Entwicklung des Kapitalismus bei Marx betrachtet werden. Man kann von Marx ausgehen, von der Entwicklung zur „Konzentration" (der Produktionsstätten des Kapitals); zu zeigen wäre hier, daß Lenin insofern von Marx abweicht, als bei ihm die Krise des kapitalistischen Systems nicht unmittelbar zur proletarischen Revolution führt, sondern der Kapitalismus im Imperialismus einen Ausweg sucht und erst der Imperialismus als „höchstes Stadium des Kapitalismus" zur proletarischen Revolution führt.

Erarbeitet werden soll also die Entwicklung, die sich aus der „Konzentration" ergab. Ausgehend von dem Satz „Es ist begreiflich, warum der Imperialismus ein sterbender Kapitalismus ist!" sollte im Unterrichtsgespräch (wahrscheinlich ist ein kurzer Lehrervortrag nötig) auf die „Ungleichmäßigkeit der ökonomischen und politischen Entwicklung" eingegangen werden, die Lenin als „unbedingtes Gesetz des Kapitalismus" ansieht.

Die Entstehung der „Arbeiteraristokratie" soll im Zusammenhang mit der Ausplünderung der Kolonien und der Gewinnung eines Extraprofits gesehen werden, der zur Bestechung der Arbeiter verwendet wird. Die Schüler werden aufgefordert, abzuschätzen, welche Auswirkungen von Lenin befürchtet werden.

Unterrichtsschritt 3:

Textauswertung: Beurteilung der Verhältnisse in Rußland durch *Lenin:* „Über unsere Revolution" (17. 1. 1923). (Fundort vgl. S. 41)

Folgende Fragen können an den Text gestellt werden:

1. Wie beschreibt Lenin die Situation in Rußland?
2. Weshalb ist eine Revolution nach Lenin in Rußland möglich?
3. Welche Strategie entwickelt Lenin?
4. Wie verhält sich diese Strategie zur Lehre von Marx?

Herausgearbeitet werden soll, daß es innerhalb der kapitalistischen Welt nach Lenin zwei Gesellschaftstypen gibt, die sich durch den Stand der Kapitalisierung unterscheiden (siehe Tafelbild). Daraus sind die unterschiedlichen Auffassungen über die Möglichkeit einer Revolution, auf die auch Lenin im Text eingeht, abzuleiten. Ein für Lenin wesentlicher Grund für die Revolution in Rußland läßt sich am Text erarbeiten: Lenin hebt hervor, daß Rußland selbst eine imperialistische Macht sei. Der zweite, im Text nicht direkt angesprochene Grund muß im Unterrichtsgespräch unter Einbeziehung früherer Erkenntnisse gewonnen werden: nach Lenin war das in Rußland arbeitende Finanzkapital zu drei Vierteln in ausländischer Hand, Rußland selbst also ein „halbkolonialer" Staat. Ein Blick auf die „Sozialstruktur" (1. Stunde) läßt die Unterschiede zu Marx erkennen. Durch den letzten Abschnitt könnte bisher Erkanntes vertieft werden, denn Lenin formt das Basis-Überbau-Modell um.

Aus dem vorliegenden Text läßt sich der Vergleich mit Marx ergänzen: Lenin spricht hier nämlich von der Zusammenarbeit der Bauern und Arbeiter, womit die Frage nach den Trägern der Revolution beantwortet wäre.

Die Schüler können mit Hilfe dieses Textes abschätzen, in welcher Form die Revolution verlaufen könnte.

„‚Rußland hat in der Entwicklung der Produktivkräfte noch nicht die Höhe erreicht, bei der der Sozialismus möglich wäre!' Mit diesem Leitsatz machen alle Helden der II. Internationale ... geradezu Staat. Diesen unbestreitbaren Satz käuen sie auf tausenderlei Art wieder, und es scheint ihnen, daß er für die Beurteilung unserer Revolution entscheidend sei. Wie aber, wenn Rußland durch die Eigentümlichkeit der Situation erstens in den imperialistischen Krieg gestellt wurde, in den alle einigermaßen einflußreichen westeuropäischen Länder verwickelt waren, und Rußlands Entwicklung an der Grenze der beginnenden und teilweise bereits begonnenen Revolution des Ostens in Verhältnisse gesetzt wurde, in denen wir gerade jene Vereinigung des ‚Bauernkrieges' mit der Arbeiterbewegung verwirklichen konnten, von der ... Marx im Jahre 1856 in bezug auf Preußen geschrieben hat? Wie aber, wenn die völlige Ausweglosigkeit der Lage, die Kräfte der Arbeiter und Bauern verzehnfachend, uns die Möglichkeit eröffnete, auf einem anderen Wege daran zu gehen, die grundlegenden Voraussetzungen der Zivilisation zu schaffen, als in allen übrigen westeuropäischen Staaten? Hat sich dadurch die allgemeine Linie der Weltgeschichte verändert?

... Wenn zur Schaffung des Sozialismus ein bestimmtes Kulturniveau notwendig ist..., warum sollten wir also nicht zuerst damit anfangen, auf revolutionärem Wege die Voraussetzungen für dieses bestimmte Niveau zu erkämpfen und *dann* erst, auf der Grundlage der Arbeiter- und Bauernmacht und der Sowjetordnung, vorwärtszuschreiten und die anderen Völker einzuholen."
(Zit. nach: Iring Fetscher, Von Marx zur Sowjetideologie, Frankfurt 1975, S. 67; Lenin, in: Studienausgabe, 1970, Bd. II, S. 248 f.)

Tafelbild (5. Stunde)

Lenin: „Der Imperialismus als höchstes Stadium des Kapitalismus"

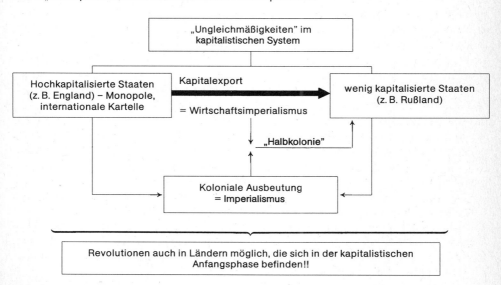

6. Stunde

Verlaufsskizze:

Unterrichtsschritt 1:

Sachcomic: „1903: Der 2. Kongreß der Sozialdemokratischen Arbeiterpartei Rußlands" (vgl. S. 44).

Dargestellt wird die Spaltung der sozialdemokratischen Arbeiterpartei Rußlands in einen revolutionären Flügel unter Lenin und einen demokratisch-revisionistischen Flügel unter Martow. Zu erläutern wäre, daß der oben erwähnte § 1 von Lenin ausgesprochen wird (Sprechblase). Die Schüler sollen beide Äußerungen miteinander vergleichen und Fragen dazu stellen. Mögliche Fragen wären:
– Um welches Problem wird gestritten?
– Worin unterscheiden sich Lenin und Martow?
– Inwiefern ergänzt das Gespräch zwischen Trotzkij und Plechanow das Problem?

Die Schüler sollten, nachdem die im Comic gegebenen Probleme geklärt worden sind, aufgefordert werden, selbst Stellung zu beziehen.

Im Lehrervortrag kann der Lehrer danach die Ergebnisse des Parteitages referieren. (s. auch Arbeitsblatt „Vorrevolutionäre Tendenzen", 3. Stunde)

Unterrichtsschritt 2:

Textauswertung: Lenin, Was tun? (Notwendigkeit, Organisation und Aufgaben einer von Berufsrevolutionären geführten Partei) in: Zeiten und Menschen 2, S. 297–298, und in: I. Fetscher, Von Marx zur Sowjetideologie, S. 99f.).

Erarbeitung der Organisation der Leninschen Partei. Die Schüler sollen Merkmale dieser Parteiorganisation zusammenstellen. Daran schließt sich die Frage an: Wo liegt die Begründung für dieses Modell?

Verwiesen werden sollte außer auf die direkten Ziele, die Lenin verfolgte, auf historische Vorbilder (anarchisch-terroristische Organisation Selmja i Wolja, russ. Intelligenz, Bakunin, Verschwörergruppen der Narodniki), vor allem aber auf die politischen Zustände im Zarismus, die eine solche Organisationsform notwendig machte.

Allerdings sollte Lenins Auffassung abgegrenzt werden von der jener Verschwörergruppen, die als kleine Minderheit die bestehenden Verhältnisse umstürzen wollten. Auszüge aus folgenden Äußerungen Lenins könnten den Schülern Lenins Position verdeutlichen: „Der Unterschied zwischen dem Vortrupp und der übrigen Masse der Arbeiterklasse, zwischen den Parteimitgliedern und den Parteilosen, kann nicht verschwinden, solange die Klassen nicht verschwunden sind, solange das Proletariat durch anderen Klassen entstammende Leute aufgefüllt wird, solange die Arbeiterklasse als Ganzes nicht die Möglichkeit hat, sich auf das Niveau des Vortrupps zu erheben. Aber die Partei würde aufhören, die Partei zu sein, wenn dieser Unterschied sich in Trennung verwandelte, wenn sie sich einkapselte und von den parteilosen Massen losrisse. Die Partei kann die Klasse nicht führen, wenn sie nicht mit den parteilosen Massen verbunden ist, wenn es keinen Zusammenschluß zwischen der Partei und den parteilosen Massen gibt, wenn diese Massen ihre Führung nicht akzeptieren, wenn die Partei bei den Massen keinen moralischen und politischen Kredit hat."

Hier muß die Frage nach dem Verhältnis von Partei zur Massenbasis gestellt werden, die im nächsten Unterrichtsschritt nochmals aufgegriffen wird. Eine Möglichkeit wäre auch, das Problem des „fanatischen Robespierre" (Hinweistafel Comic) nochmals aufzugreifen. Die Schüler sollen am Ende des Unterrichtsschritts die Parteiorganisation beurteilen und abschätzen, aufgrund welcher Vorstellungen Lenin diese Form wählen konnte. Tafelbild mit Konstellation zur Revolution erarbeiten.

Unterrichtsschritt 3:

Textauswertung: Lenin, Was tun? (Zeiten und Menschen, 2, S. 296–97) „Das revolutionäre Bewußtsein des Proletariats".

Das Problem der Einschätzung der Massen durch Lenin soll hier genauer erarbeitet werden. Man fordert die Schüler auf, Lenins Äußerungen thesenförmig zusammenzufassen und Probleme zu nennen. So müßte nach dem letzten Unterrichtsschritt die Frage auftauchen, ob eine Partei, die die Interessen der unterdrückten Massen wahrnehmen will, nicht ganz anders organisiert sein müßte; die Gefahr der Manipulation könnte ebenfalls angesprochen werden. Danach soll gefragt werden, ob diese Vorstellungen Lenins mit denen von Marx übereinstimmen. Die Schüler müßten erkennen, daß aufgrund des Historischen Materialismus Bewußtsein mit zeitlicher Verzögerung als Produkt der Produktionsverhältnisse entsteht (Hinweis auf Basis-Überbau-Modell). Revolutionäres Bewußtsein müßte sich also von allein einstellen. Im Lehrervortrag soll zu Marx' Auffassung über die Partei informiert werden (zunächst Ablehnung der Gründung einer Partei, später Partei der Arbeiterklasse, aller Proletarier, die Organisationsform der Klasse). Es sollte danach die Frage gestellt werden, wie Lenin Marx' Äußerungen im Kommunistischen Manifest interpretiert hat (Betonung des „Kampfes" und „Proletarier aller Länder, vereinigt Euch!"). Die Schüler sollen aufgefordert werden, zu diesem Problem Stellung zu beziehen. Eine andere Möglichkeit, Schüler zur Stellungnahme aufzufordern, wäre durch folgende Frage möglich: Hat Trotzkij recht, wenn er behauptet, Lenin strebe die „Diktatur über das Proletariat" an?

Eine Alternative bietet sich durch einen Vergleich mit Rosa Luxemburg an (s. Vorschlag für ein Arbeitsblatt).

Unterrichtsschritt 4:

Textauswertung Lenin, Diktatur des Proletariats, in: Zeiten und Menschen 2, S. 298–299, und R. Thomas, Marxismus und Sowjetideologie, II, S. 57 f.; I. Fetscher, Von Marx zur Sowjetideologie, S. 108 ff.).

Von folgendem Marx-Zitat soll ausgegangen werden: „Zwischen der kapitalistischen und der kommunistischen Gesellschaft liegt die Periode der revolutionären Umwandlung der einen in die andere. Der entspricht auch eine politische Übergangsperiode, deren Staat nichts anderes sein kann als die revolutionäre Diktatur des Proletariats" (Kritik des Gothaer Programms). Mögliche Fragestellung: Wie ist dieser Satz zu interpretieren? Welche Probleme stellen sich?

Hinzuweisen wäre auf das Problem nach dem friedlichen oder gewaltsamen Übergang vom Kapitalismus zum Sozialismus, also auf die „Übergangsphase", die Marx als „Diktatur des Proletariats" bezeichnet hat. Danach sollte die Leninsche Interpretation herangezogen werden, zu der die Schüler Fragen formulieren sollen. Möglich wäre:

- Was versteht Lenin unter „Diktatur des Proletariats"?
- Wie begründet er seine Haltung?
- Weshalb sieht er in der parlamentarischen Vertretung eine Gefahr, obwohl nach siegreicher Revolution die Proletarier in der Mehrheit sind?

Die Stunde könnte abgeschlossen werden mit der antizipierenden Frage: 'Was tun' – nach der Februarrevolution?

Als vorbereitende *Hausaufgabe* werden „Lenins Aprilthesen" unter folgenden Aspekten vorgelegt:

1. Wie sollte der neue Staat Lenins aussehen?
2. Welche Absicht steckt hinter der Parole: „Alle Macht den Räten!"?

Alles läuft gut – bis zur 22. Sitzung. Die Diskussion geht um die **Bestimmung der Parteimitgliedschaft.** Paragraph 1 der Parteistatuten.

LENIN SCHLÄGT VOR:

«Als Mitglied der Partei gilt jeder, der ihr Programm anerkennt und die Partei sowohl in materieller Hinsicht als auch durch die persönliche Betätigung in einer der Parteiorganisationen unterstützt.»

MARTOW SCHLÄGT GENAU DASSELBE VOR, MIT EINER AUSNAHME:

Mitglied der Partei kann auch sein, wer "einer ihrer Organisationen einen regelmäßigen Beistand leistet...."

DER FANATISCHE ROBESPIERRE?

DER FATALISTISCHE HAMLET?

DU KANNST NICHT MIT GESETZEN GEGEN OPPORTUNISMUS KÄMPFEN!

STRIKTE MITGLIEDSCHAFT WIRD DIE OPPORTUNISTEN ENTMUTIGEN!

TROTZKI UNTERSTÜTZT MARTOW... PLECHANOW VERTEIDIGT LENIN.

1903: Der 2. Kongreß der Sozialdemokratischen Arbeiterpartei Rußlands

Der «zweite» genannt zu Ehren des abgebrochenen Kongresses in Minsk 1898. Die Veteranen unter den Verbannten, wie Plechanow und Sassulitsch, haben 20 Jahre hierauf gewartet! Mit Tränen in den Augen singen die Delegierten **Die Internationale**

Wacht auf, Verdammte, die stets man dieser Erde, die Hunger zwingt ... noch zum Hungern hört Völker, die Signale! Auf zum letzten Gefechte! Die Internationale erkämpft das Menschenrecht!

Die erste von 37 Sitzungen beginnt am 30. Juli in einem Brüsseler Speicherhaus, in dem es von Läusen und Ratten wimmelt. Umlauert von Spitzeln, von der belgischen und russischen Polizei bedroht, zieht der Kongreß im August nach London um. Die führende Rolle der **Iskra** scheint gesichert, dank seiner sorgfältigen Vorbereitung. Von insgesamt 51 Stimmen hat Lenin 33 für **Iskra** gesichert. Der Hauptrivale von **Iskra**, das ökonomistische Blatt **Rabotschi Djelo** («Sache der Arbeiter») hat nur sieben Stimmen, der jüdische **Bund** fünf, und sechs Stimmen bleiben ungebunden. . . .

44

Vorschlag für ein Arbeitsblatt

Rosa Luxemburg: Organisationsfragen der russischen Sozialdemokratie

„Die der Massenbewegung durch den Mangel an demokratischen Freiheiten in den Weg gelegten Hindernisse sind verhältnismäßig von untergeordneter Bedeutung: Die Massenbewegung hat es auch in Rußland verstanden, die Schranken der absolutistischen ‚Verfassung' niederzurennen und sich eine, wenn auch verkrüppelte eigene ‚Verfassung' der ‚Straßenunruhen' geschaffen. Sie wird es auch fernerhin bis zu ihrem endgültigen Siege über den Absolutismus verstehen."
„Die sozialdemokratische Bewegung ist die erste in der Geschichte der Klassengesellschaften, die in allen ihren Momenten, im ganzen Verlauf auf die Organisation und die selbständige direkte Aktion der Masse berechnet ist."
(in: V. Rothe, Die Russische Revolution, Kösel, S. 66)

1. Wie beurteilt Rosa Luxemburg das politische Bewußtsein der Massen in Rußland?
2. Welche Thesen Lenins versucht sie zu widerlegen?

Material zu Unterrichtsschritt 1 (6. Stunde)

Sachcomic: „1903: Der 2. Kongreß der Sozialdemokratischen Arbeiterpartei Rußlands", aus: R. Appignanesi, O. Zarate: Lenin für Anfänger, Reinbek 1979, S. 66/67 (s. S. 44).

7. Stunde:
Lenins Aprilthesen und die Entwicklung zur Oktoberrevolution.

Vorbemerkung:

In dieser Stunde steht die Bedeutung der „Aprilthesen" für die Entwicklung zur bolschewistischen Revolution im Mittelpunkt. Dem Taktikwechsel der Bolschewiki entspricht auf der anderen Seite die zunehmende Machtlosigkeit der Provisorischen Regierung. Der Schwerpunkt der Stunde liegt auf der Frage:
— Wie gelang es den Bolschewiki, die sich im März noch in der Minderheit befanden, die Provisorische Regierung 'hinwegzufegen'?

Die „Aprilthesen" sollten als Hausaufgabe vorbereitet werden (Aufgabenstellung siehe 'Vorschlag für ein Arbeitsblatt' im Anhang zur 6. Stunde).
Die Schüler sollen dabei erkennen, daß Lenin mit diesen 'Thesen' einen Bruch mit der bisherigen Parteilinie vollzogen hat. Es sollten zunächst die Prämissen, von denen Lenin ausging, erörtert werden.
Die einzelnen Punkte sollten, als Forderungen formuliert, mit den Grundproblemen des russischen Volkes und der Politik der Provisorischen Regierung sowie der Sowjets verglichen werden. Die Ergebnisse sind im Tafelbild festzuhalten, wobei erkannt werden soll, wie Lenin jeden Vorteil gegenüber den mit der Regierung verbundenen Parteien ausgenutzt hat.
Eine Informationsphase über Kriegsverlauf, wirtschaftlichen Zusammenbruch, neue Offensive, Aktivitäten und Erfolge der Bolschewiki soll zeigen, wie es letztlich den Bolschewiki leicht wurde, durch den Autoritätsverfall und die Handlungsunfähigkeit der Räte (Menschewiki und Sozialrevolutionäre) letztere zu beherrschen und die 'Notstandsdemokratie' zu beseitigen.

Ziele der Stunde:

Die Schüler erkennen,
— daß die soziale Kluft, die sich in der Doppelherrschaft ausdrückte, weiterbestand;

45

– daß die Kriegsfrage zu einem Problem wurde, das sowohl die Provisorische Regierung als auch besonders die Räte unglaubwürdig erscheinen ließ;
– daß durch die Bedingungen des Krieges das Hauptproblem, die umfassende Bodenreform, vertagt wurde;
– daß Versorgungskrisen, Rückgang der Produktion und dgl. den Ausbruch der Revolution begünstigten;
– daß bei Ausbruch der Revolution keine politische Macht fähig oder willens war, die Errungenschaften der Februarrevolution zu verteidigen.

Die Schüler erarbeiten
– aus Texten Problemkreise der russischen Revolution;
– aus einer Zeittafel politische Veränderungen.

Die Schüler beurteilen
– Gründe für den Sieg der Bolschewiki;
– Gründe für das Scheitern der parlamentarischen Demokratie in Rußland.

Die Schüler antizipieren Probleme der neuen Machthaber.

Verlaufsskizze:

Unterrichtsschritt 1:
Kurze Skizzierung des Ergebnisses der letzten Stunde an der Tafel: Doppelherrschaft und Probleme des russischen Volkes.
Besprechung der Hausaufgaben: Fragen zu Lenins Aprilthesen.
Lenin geht davon aus, daß die Februarrevolution nur die erste Etappe der russischen Revolution sei. Die Doppelherrschaft kennzeichne den Untergangscharakter der Revolution, was sich an der gewährten Freiheit, dem Fehlen von Gewalt, wie auch an dem blinden Vertrauen der Massen, die den Klassencharakter der Regierung nicht erkennen,

zeige. Lenin kritisiert die Verfilzung der „Diktatur der Bourgeoisie" mit der „Diktatur des Proletariats und der Bauernschaft", wobei in letzterer kleinbürgerliche Elemente herrschen und auf das Proletariat einzuwirken versuchen. Die zweite Etappe der Revolution wäre der Übergang der Staatsgewalt in die Hände des Proletariats und der Bauern, wobei die Arbeiterdeputiertenräte sich als zwingende Regierungsform anbieten würden. Daher wäre die parlamentarische Republik ein Rückschritt, die Räterepublik also die einzige Form der Regierung.
Die Beendigung des Krieges ist eine wesentliche Forderung, wie sich aus den Thesen ableiten läßt. (Begründung: revolutionäre Vaterlandsverteidigung sei nur unter einem proletarisch-bäuerlichen Regime möglich. Von Verteidigung könne nur beim Verzicht auf Annexionen gesprochen werden.) Somit: Friede ohne Annexionen und Kontributionen! Aufteilung des Grund und Bodens sollte die längst fällige Bauernfrage lösen.
Lösung der Arbeiterfrage durch Kontrolle der industriellen Produktion und Verteilung durch die Räte. Nationalisierung des Bankwesens.
Der Staat solle „von unten bis oben", von der Basis her entstehen, nicht zentralistisch organisiert sein; dabei sollten die Machtinstrumente verändert werden: im Beamtentum sollte die Absetzbarkeit Zeichen direkter Verantwortung sein, das Berufsheer durch das Volksheer ersetzt werden. Aus diesem Punkt läßt sich auch ableiten und als Forderung ergänzen, daß Lenin dem Bedürfnis der nichtrussischen Nationen nach Selbstbestimmung entgegenkommen würde.

Als Ergänzung bietet sich ein Blick auf die Pariser Kommune von 1871 an, die in vielen Punkten als historisches Vorbild für Lenins Forderungen angesehen werden kann. Hierzu können die beiden Texte von Marx und Lenin besprochen werden (siehe Arbeitsmaterial-Vorschlag). In diesem Fall müßten für die Behandlung der Oktoberrevolution zwei Unterrichtsstunden angesetzt werden.

Die Parole „Alle Macht den Räten" bedeutet ein Abrücken von der Position aus dem Jahr 1902, als Lenin die Arbeiterschaft noch nicht für revolutionäre Aktionen für fähig ansah. Lenin ging es um die „Revolutionierung der Räte, die Isolierung und Diskreditierung ihrer Führungsschichten, die Gewinnung einer Massenbasis für die revolutionäre Politik der Partei. Nicht die bolschewistische Partei, sondern die Räte sollten die Machtübernahme vorbereiten. Dies war eine Frage des taktischen Kalküls. Wie die Dinge Frühjahr 1917 lagen, führte an den Räten nichts vorbei (Geyer I, S. 83).

Unterrichtsschritt 2:

Im Unterrichtsgespräch soll die Übereinstimmung zwischen den Forderungen Lenins und den Grundproblemen des russischen Volkes herausgearbeitet werden. Die Vorteile, die sich dadurch für die Bolschewiki ergaben, werden durch Gegenüberstellung mit der Politik der Provisorischen Regierung und der Räteorgane erkannt.

Die Schüler können diese Politik aus der Zeittafel erarbeiten; es bietet sich aber auch ein Lehrervortrag an. Diskutiert werden sollte die schwierige Position, in der sich die Räteorgane, speziell die Menschewiki und Sozialrevolutionäre, befanden: einerseits wurden sie von den Bolschewiki als Gehilfen der Bourgeoisie angeprangert, da sie in allen aktuellen Fragen zur Geduld aufriefen, was von der Masse immer mehr als Abwarten auf den Sankt-Nimmerleins-Tag verstanden wurde; andererseits mußten sie darauf achten, daß diese Demokratie nicht in autoritäre Hände kam, denn die Gefahr einer Militärdiktatur war konkret. Ein wesentliches Problem blieb die Bindung an die Kriegspolitik der Regierung.

Mit Hilfe der Zeittafel erarbeiten die Schüler die politischen Verhältnisse von April bis September. Herauszustellen ist die „Aprilkrise", nach der sich dann zeigte, daß trotz einer Kabinettsumbildung die anstehenden Probleme auch von einem Sozialrevolutionär als Landwirtschaftsminister und einem Menschewik als Arbeitsminister nicht gelöst werden konnten, da die Anforderungen des Krieges dem entgegenstanden.

Die Demokratisierung der Armee (Befehl Nr. 1) zeigte den Widerspruch, der zwischen Volk und Regierung bestand; auch ein Kriegsminister Kerenskij konnte diesen Widerspruch nur für kurze Zeit verschleiern. Das militärische Desaster zeigte sich in der Juli-Offensive, das politische in der Handlungsunfähigkeit der Regierung beim Kornilov-Putsch.

Parallel zur Regierungspolitik sind die Aktivitäten der Bolschewiki zu erarbeiten und ebenfalls im Tafelbild festzuhalten.

Unterrichtsschritt 3:

Die Ereignisse bis zum Umsturz im Oktober können entweder von den Schülern aus der Zeittafel erarbeitet oder ihnen im Lehrervortrag vermittelt werden. Die Diskussion innerhalb der Bolschewiki soll dabei nur erwähnt werden; ein Lenin-Zitat (siehe Zeittafel, 24. Oktober) verdeutlicht, wie unerbittlich Lenin für den Aufstand eintrat. (Eine exakte Darstellung liefert Geyer I, S. 100–106.)

Für die Mittelstufe kann man auch die ausführlichen Erzählungen von Joel Carmichael verwenden. Siehe Literaturliste (S. 10).

Folgendes scheint wesentlich: Nachdem die Bolschewiki Arbeiter- und Soldatenrat beherrschten, wurde der Aufstand künstlich in Gang gesetzt; diesmal handelte es sich nicht um eine spontane Massenerhebung, sondern um einen generalstabsmäßig geplanten Aufstand unter Leitung eines legalen Räteorgans, des Revolutionären Militärkomitees (Vorsitz: Trotzki). „In weiten Teilen der Stadt wurden diese Vorgänge kaum wahrgenommen, das Theater- und Konzertleben erlitt keine Unterbrechung." (Geyer II, S. 130) Daraus können die Schüler erkennen, daß die Bolschewiki lediglich ein Machtvakuum ausfüllten, daß keine politische Kraft bereit war, die Errungenschaften der Februarrevolution zu verteidigen.

Unterrichtsschritt 4:

Zwei Alternativen werden hier angeboten: Man kann jetzt die Frage nach den Gründen des Sieges der Bolschewiki stellen (mögliches Ergebnis: Tafelbild). Davon ausgehend können diese Gründe hinterfragt und beurteilt werden; schließlich wäre interessant, abzuschätzen, was die Bolschewiki mit der ihnen in die Hand gefallenen Macht anfangen werden.

Eine andere Möglichkeit wäre, ausgehend von einem Text aus der Sekundärliteratur (Geyer I, s. Textbeilage) zu erörtern, weshalb nun das demokratische Experiment scheiterte. Weitere Lehrerinformationen finden sich in der Anlage zur 8. Stunde.

Arbeitsmaterial für die Ergänzung des Unterrichtsschritts 1:

„Die Kommune bildete sich aus den durch allgemeines Stimmrecht in den verschiedenen Bezirken von Paris gewählten Stadträten. Sie waren verantwortlich und jederzeit absetzbar. Die Polizei, bisher Werkzeug der Staatsregierung, wurde sofort aller ihrer politischen Eigenschaften entkleidet und in das verantwortliche und jederzeit absetzbare Werkzeug der Kommune verwandelt. Ebenso die Beamten aller anderen Verwaltungszweige. Von den Mitgliedern der Kommune an abwärts, mußte der öffentliche Dienst für *Arbeitslohn* besorgt werden."
(Marx/Engels, Ausgewählte Werke. Bd. 1, S. 491 = Marx, Der Bürgerkrieg in Frankreich III)

„Wir brauchen eine revolutionäre Staatsmacht, wir brauchen (für eine bestimmte Übergangsperiode) den Staat. Dadurch unterscheiden wir uns von den Anarchisten ... Wir brauchen einen Staat, aber *nicht* einen solchen, wie ihn die Bourgeoisie braucht, mit Machtorganen, die vom Volke getrennt und dem Volke entgegengestellt werden. Alle

bürgerlichen Revolutionen haben lediglich *diese* Staatsmaschinerie vervollkommnet, und sie der einen Partei entrissen und der anderen übergeben. Das Proletariat aber muß, wenn es ... weitergehen will, ... diese fertige 'Staatsmaschinerie', um mit Marx zu sprechen, *zerbrechen* und sie durch eine neue ersetzen, wo Polizei, Armee und Bürokratie mit dem *bis auf den letzten Mann bewaffneten Volk eins sind* ... Das Proletariat muß *alle* armen und ausgebeuteten Schichten des Volkes organisieren und bewaffnen, damit sie die Organe der Staatsmacht *selbst* übernehmen, damit sie *selbst* und unmittelbar die Institutionen dieser Staatsmacht *bilden.*"
(Lenin: Briefe aus der Ferne III (11./24. März 1917, in: Werke, Bd. 23. Berlin 1957, S. 339 ff.)

Textbeilage zur Alternative des Unterrichtsschritts 4:

Demokratie und Revolution

Zur politischen Bilanz der Oktoberrevolution in Rußland gehört das Scheitern der parlamentarischen Demokratie, noch ehe diese Staatsform ihre Institutionen hatte ausbilden können. Was in der Februarrevolution angelegt schien, kam nun nicht mehr auf. Das demokratische Experiment, das in einer Allrussischen Verfassunggebenden Versammlung hätte Halt finden sollen, wurde von der bolschewistischen Parteiherrschaft abgelöst, und die Sieger versprachen, in der neubegründeten Sozialistischen Sowjetrepublik die Diktatur des Proletariats zu exekutieren. Es ist oft gefragt worden, ob dieser Fehlschlag der Demokratie für folgerichtig oder gar für unvermeidlich gelten müsse, ob, anders gesagt, der Erfolg der Bolschewiki dafür spreche, daß Rußland aufgrund seiner sozialen und politischen Unterentwicklung den demokratischen Verfassungsmodellen Westeuropas, die 1917 hatten eingerichtet werden sollen, nicht gewachsen gewesen sei.
(Geyer, D.: Die Russische Revolution, Stuttgart 1968, S. 107)

Tafelbild (7. Stunde)

Lenins Aprilthesen und die Entwicklung zur Oktoberrevolution

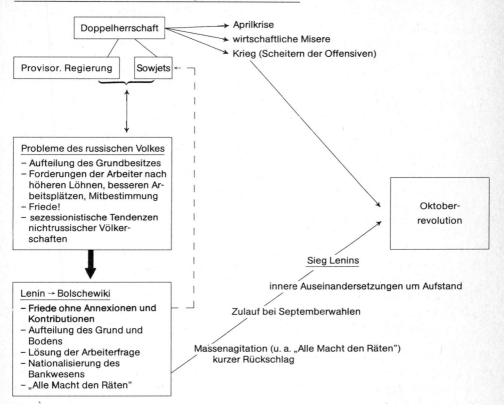

8. Stunde:
Beurteilung der Oktoberrevolution

Vorbemerkung:

Die Beurteilung der Oktoberrevolution soll freilich nicht nur die zweite, die sozialistische oder proletarische Revolution zum Thema haben, sondern soll die gesamte Entwicklung bis zum Sturz der Provisorischen Regierung einschließen.
An kaum einem anderen Ereignis der neueren Geschichte läßt sich so starke Polarisierung erkennen, wie bei der Beurteilung der Oktoberrevolution. Die Geschichtsschreibung war lange Zeit vom krassen Gegensatz marxistisch – nicht-marxistisch gekennzeichnet. Eine Ausnahme erblicken wir in den Arbeiten von D. Geyer (I und II), siehe Beilage: Lehrer-Info. Der Schwerpunkt der Stunde soll auf den Fragen liegen: Wie lassen sich die unterschiedlichen Beurteilungen erklären? Wie kann man zu einem möglichst gerechten Urteil gelangen? Wünschenswert wäre es, wenn die Schüler dabei ihren eigenen Standpunkt mitreflektieren könnten. Die Beschäftigung mit diesem Thema scheint auch des-

halb wichtig, weil die Schüler durch Vergleiche verschiedener Auffassungen historische Ereignisse noch systematischer erarbeiten können und vergleichbare Kriterien heraussuchen müssen. Leider muß darauf verzichtet werden, die konkreten Entstehungsbedingungen der Texte in die Stunde einzubeziehen. Bei dem Vergleich zweier Texte sollen die Schüler die ideologischen und politischen Ausgangspositionen der Verfasser erkennen und beurteilen. Da sämtliche bisherigen Erkenntnisse mitverarbeitet werden müssen, erhält die Stunde auch einen zusammenfassenden Charakter.

Probleme könnten dadurch entstehen, daß Urteile über die Revolution in Rußland oft schon, offen und versteckt, die spätere Entwicklung mitenthalten.

Ziele der Stunde:

Die Schüler erkennen,
– daß historische Erkenntnis weitgehend von Interessen des Betrachters bestimmt sein kann;
– daß einseitig ausgewählte Kriterien und das Weglassen bestimmter Problemkreise zu einer Verfälschung der Geschichte führen.

Die Schüler erarbeiten
– Fragestellungen zur Beurteilung von Texten, Thesen zu Texten.

Die Schüler beurteilen
– das Erkenntnisinteresse zweier Texte;
– den Aussagegehalt zweier Texte;
– die Bedingungen ihrer eigenen Fragestellung.

Unterrichtsschritt 1:

Aus den Thesen des Zentralkomitees der KPdSU (s. Hektographie-Vorschlag) können die Schüler lernen, wie die Oktoberrevolution von offizieller Seite beurteilt wird, wo

Schwerpunkte gesetzt werden. Die neue Ordnung soll als „Modell" verstanden werden; dieses Modell wird dann mit sozialen und ökonomischen Kriterien untersucht. Hervorgehoben wird außerdem die internationale Bedeutung. Eine Beurteilung dieses Textes wird für die Schüler dadurch erschwert, daß die Schüler die weitere Entwicklung der hier aufgeführten Aspekte noch nicht kennen. Hier sollte der Lehrer mit Erläuterungen und Korrekturen helfen. Es wäre möglich, mit Hilfe der „Umsturzdekrete" (Dekret über Frieden, Boden, Rechte der Völker Rußlands, Verstaatlichung des Handels und der Industrie) die Erfolge zu überprüfen. Bei der Formulierung „Lösung der Agrarfrage zugunsten der Bauern" sollte erklärt werden, daß die Bolschewiki dem Wunsch der Bauern nach individualistischer Wirtschaftsform zunächst nachkamen, in der Industrie jedoch sofort verstaatlichten. Hier sollte aber schon auf die Kollektivierung der Landwirtschaft hingewiesen werden.

Fragen zu dem vorgelegten Text finden sich auf dem Arbeitsblatt-Vorschlag. Kurze Fixierung der Ergebnisse an der Tafel.

Unterrichtsschritt 2:

Auswertung des Textes von G. v. Rauch (Zeiten und Menschen, S. 302–303).

Zunächst sollen die Schüler der Frage nachgehen, welches Problem für den Autor vorrangig ist und welche These er dazu aufstellt. Genau untersucht werden soll danach die Argumentationsweise, was dann zur Beurteilung dieser Art der Geschichtsschreibung führt. Diese wäre zu untersuchen unter der Fragestellung: Wodurch kam es zur Revolution? Rauch spricht vor allem vom Scheitern der Demokratie, die aus dem Mangel an Konsequenz und Entschlußkraft, an politischem Geschick, an dem Mangel an Klarheit des Willens, an dem Mangel an Sinn für die entscheidende Bedeutung der Macht erklärt wird.

Es folgt die Beurteilung der Gegenseite, die

die Bedeutung der Macht einzuschätzen wußte und außerdem noch eine „personelle Konstellation von einzigartiger Schlagkraft" bildete. Durch „demagogische Leidenschaft", „kalten Zynismus", „dämonischen Machtwillen" usw. erreichten Lenin und Trotzki schließlich ihr Ziel.

Gefragt werden muß hier nach dem Erkenntniswert und den Folgen derartiger Geschichtsschreibung, ebenso wie nach den Problemen, die nicht angesprochen wurden. Hervorhebung der Probleme an der Tafel.

Unterrichtsschritt 3:

Die Schüler werden aufgefordert, in Gruppen Fragen zur Beurteilung der Oktoberrevolution zusammenzustellen.
Mögliche Fragestellung:
– Wie sah die Zielsetzung der Bolschewiki aus, wie das Ergebnis ihrer Politik?
– In welcher politischen Form wurde vorgegangen (bewaffneter Aufstand, Räte usw.)?

– Welchen sozialen Inhalt hatte die Revolution?
– Wie sahen die Partizipationsmöglichkeiten in den verschiedenen Stadien der Revolution aus?

Die Fragestellungen sollten in der Klasse diskutiert werden, wobei von den jeweiligen Gruppenmitgliedern eine Begründung für die Fragestellung verlangt werden sollte. Zum Schluß wird die Frage gestellt, von welchen Bedingungen das Zustandekommen der eigenen Fragestellung abhängt.

Hausaufgabe:

Vorbereitende Quellenarbeit: Maßnahme und Dekrete der Sowjets 1917/18.
(S. Anweiler, Russische Revolution, S. 59f.; Haseloff u. a. [Hrsg.], Die UdSSR, S. 39; Zeiten und Menschen, G2, S. 304; Weltgeschichte im Aufriß, 3/1, S. 141 ff.; B. Krapp, Bauernnot in Rußland, S. 43 f.; H. Endlich, Russische Revolution, S. 29; H. Hoffacker, Modelle des Sozialismus, S. 75, 85–88.)

Vorschlag für ein Arbeitsblatt

Thesen des Zentralkomitees der Kommunistischen Partei der SU zum 100. Geburtstag Wladimir Iljitsch Lenins, 1970

„Die große sozialistische Oktoberrevolution gab der Welt ein Modell für die Lösung der grundlegenden sozialen Probleme: Sturz der Macht der Ausbeuter und Errichtung der Diktatur des Proletariats; Verwandlung des Privateigentums der Bourgeoisie und der Gutsbesitzer in gesellschaftliches, in sozialistisches Eigentum; gerechte Lösung der Agrarfrage zugunsten der Bauern; Befreiung der abhängigen Völker vom nationalen und kolonialen Joch; Schaffung der politischen und ökonomischen Voraussetzungen für den Aufbau des Sozialismus ... Die große sozialistische Oktoberrevolution war der erste siegreiche Akt der sozialistischen Weltrevolution. Sie veränderte radikal das politische und das sozial-ökonomische Antlitz eines riesigen Reiches, hob die internationale Befreiungsbewegung auf eine neue, höhere Stufe und hat der ganzen Welt, wie Lenin sagte, den Weg zum Sozialismus gewiesen und der Bourgeoisie gezeigt, daß es mit ihrer Herrlichkeit zu Ende geht ..."
(in: Schmid, Fragen an die Geschichte, Bd. 4, S. 127)

Aufgaben:
1. Wie wird die Oktoberrevolution beurteilt?
2. Welche Kriterien liegen der Beurteilung zugrunde?
3. Nehmen Sie dazu Stellung!
4. Welche Probleme werden nicht angesprochen?
5. Welche Ziele verfolgt die Argumentation des ZK?

Textbeilage als Lehrer-Info

Zu einer sicheren Antwort kommt man nicht leicht. Was sich sagen läßt, leidet darunter, daß die Probe aufs Exempel unter den extremen Bedingungen einer Ausnahmesituation angestellt werden mußte, in einer Zeit des Krieges, in der nicht nur die politische Ordnung, sondern die soziale Welt im ganzen in Revolution befindlich war. Nach allem, was wir von der Vorgeschichte wissen, können die Entwicklungschancen für eine Demokratie bürgerlichen Zuschnitts in Rußland nicht groß gewesen sein. Die 'bürgerlichen' Kräfte in diesem Land versammelten nur einen kleinen Partikel der Nation. Auch unter normaleren Verhältnissen, als sie nach dem Zusammenbruch des alten Regimes gegeben waren, hätte sich eine demokratisch-parlamentarische Verfassung nicht automatisch funktionsfähig machen lassen. Seit den Februarereignissen aber dominierte die Revolution, das schlechthin Anormale. Die dünnen Schichten der Gesellschaft, deren politische Überzeugungen dem westeuropäischen Demokratiebegriff nahegekommen waren, hatten einen möglichst schmerzlosen, geräuscharmen Kabinettswechsel erhofft, der die Regierung in die Hand der Duma bringen sollte. Statt dessen fanden sie sich nach dem Sturz der Monarchie dazu gedrängt, über ihre eigenen Voraussetzungen hinauszugehen. Was dieser Entwicklung zugrunde lag, war die massive Intervention breitester Bevölkerungsschichten in die Politik. Diese Einmischung hat viele Konzepte zunichte gemacht. Es hatte sich gezeigt, daß die Revolution als Massenerscheinung nicht nur die Selbstherrschaft des Zaren rasch überholte, sondern auch die Möglichkeiten einer konstitutionellen Monarchie zerschlug, jener Zwischenform, in der der russische Liberalismus die politische Freiheit hatte bergen wollen. Die politische Gesellschaft der Zarenzeit wurde unvermittelt gezwungen, demokratische Politik zu praktizieren, deren Maßstäbe und Begriffe nicht die eigenen waren. Ihre soziale Basis war zu schmal, um den gewaltigen Emanzipationsprozeß freigesetzter Bevölkerung politisch zu integrieren und ihn an Institutionen zu binden, die erst noch geschaffen werden mußten. Die Revolution, derer es bedurfte, um mit dem Aufbau demokratisch-parlamentarischer Einrichtungen beginnen zu können, besaß eine Dynamik, die sich jeglicher Konsolidierung entzog. In der Konfrontation zwischen der Provisorischen Regierung und den Räteorganen ist dieses Dilemma von Beginn an abgebildet gewesen.

Man könnte einer so pessimistischen Beurteilung widersprechen und darauf verweisen, daß doch auch beträchtliche Kräfte der Rätebewegung, Sozialrevolutionäre und menschewistische Sozialdemokraten, die Integration der Demokratie in einer parlamentarischen Republik bejahten. Die Mehrzahl der politisch organisierten Sozialisten wollte im Frühjahr und Sommer 1917 die Republik – das gleiche, was den Liberalen seit der Februarrevolution zu wünschen übrig geblieben war. Die Forderung, die großen Entscheidungen der Revolution nicht auf der Straße, sondern in der Allrussischen Konstituante zu suchen, wurde von der Regierung und von der Rätemehrheit, vom liberalen und vom sozialistischen Lager, wie es schien, in gleicher Weise geteilt. In der Tat hat der allgemeine Ruf nach der Verfassunggebenden Versammlung zur Hoffnung Anlaß gegeben, daß hier, über alle Gegensätze hinweg, eine Plattform gefunden sei, auf der die russische Demokratie dauerhaft gegründet werden könne. Man wird indessen nicht übersehen dürfen, daß die Motive derer, die da riefen, höchst unterschiedlich waren. Der demokratische Konsens, der hier angelegt sein mochte, war nicht belastungsfähig. Die Provisorische Regierung – in allen Phasen ihrer Existenz und wechselnden Zusammensetzung – sah sich, indem sie auf die kommende Konstituante verwies, in ihrer Vorläufigkeit einstweilen legitimiert. Sie hatte indessen von sich aus wenig Anlaß, diese Versammlung herbeizuwünschen. Solange das gewählte Parlament noch nicht verfügbar war, konnte die Regierung ihre begrenzte Handlungsfähigkeit immer wieder mit dem Argument verdecken, daß die Lebensfragen der Nation vertagt bleiben müßten, bis der künftige Souverän, die Konstituierende Versammlung, darüber befinde.

Nicht nur mangelnde Entschlußkraft war es, die sich dergestalt ein Alibi schuf, auch das schiere Unvermögen, umfassende Reformen unter dem Gesetz des Krieges durchzuführen, wurde auf diese Weise tabuisiert. Solange die Kriegführung Priorität besaß, konnte der Regierung an der Konstituante nicht viel gelegen sein. Die wiederholte Verschiebung des Wahltermins mag von hier aus verständlich werden. Keine Notstandsregierung sehnt sich nach einem demokratischen Parlament. Vor allem Kerenskij mußte darauf sehen, die ihm zugewachsenen Vollmachten der parlamentarischen Legitimitätsprüfung tunlichst zu entziehen. Was ihm, der Rußland in der Kriegsallianz festhalten wollte, vonnöten schien, war öffentliche Akklamation, nicht parlamentarische Kontrolle. So hat der Ministerpräsident, um die sich verschlimmernde Krise zu stabilisieren, sein akklamierendes Publikum nicht in der demokratisch gewählten Nationalversammlung, sondern in pseudoparlamentarischen Veranstaltungen gesucht, von der Erwartung erfüllt, den Anhang, der ihm in den Räten verlorengegangen war, auf solche Weise wiederherzustellen. Zwischen August und Oktober wurde dieses Verfahren vielfältig ausprobiert: in der Moskauer Staatskonferenz, in der Demokratischen Konferenz, im sogenannten Vorparlament, im Rat der Republik. Auch die förmliche Auflösung der alten Reichsduma am 1. September, deren Komitee bisher an dem Rechtsanspruch festgehalten hatte, bis zur Einberufung der Konstituante die oberste Instanz im Reiche zu sein, und die nachfolgende Proklamation der Republik Rußland standen in diesem Zusammenhang. Es ging darum, sich auf Zwischenschritte zu beschränken und dem entscheidenden letzten Schritt vorerst noch zu entkommen. Die Mehrheit der Sozialrevolutionäre und der Menschewiki ist auf diesem Weg mitgegangen. Der Krieg, der blieb, erklärt das Zögern.

Wer der Meinung ist, daß die Verzögerung der Wahlen ein verhängnisvoller Fehler war, der am Scheitern des demokratischen Experiments in Rußland großen Anteil hat, darf die politische Zwangslage der Regierung nicht übersehen. Wie die Dinge lagen, hätte die Verfassunggebende Versammlung, wäre sie zustande gekommen, eine Fülle schwierigster Fragen nicht vor sich herschieben können, sondern sie unverzüglich beantworten müssen: Die verfassungsrechtliche Einordnung der Räteorgane in den neuen Staatszusammenhang gehörte dazu, vor allem aber die große Landreform und die föderative Umbildung des Russischen Reichs in einen multinationalen Bundesstaat. Namentlich von den beiden letztgenannten Entscheidungen waren weitergehende Folgen zu erwarten. Was Rußland ohnedies kaum noch vermochte, nämlich: in der Kriegsallianz gegen Deutschland festzustehen, wäre dann vollends fragwürdig geworden. Es mußte damit gerechnet werden, daß der Preis für die Reform gleichbedeutend sein würde mit dem separaten Ausscheiden Rußlands aus dem Krieg, mit der Aussicht, weite Gebiete des Reiches einschließlich Polens dem Feind überlassen zu müssen. In dieser Perspektive lag eine Konsequenz, die niemand, außer den Bolschewiki, verantworten wollte. Als Kerenskij schließlich von der Bühne abtrat, war als vorläufig letzter Termin für die mehrfach angekündigten Wahlen der 12. (25.) November 1917 genannt. Bekanntlich hat die bolschewistische Machtergreifung in Petrograd dieses Datum eingeholt.

(Geyer, D.: Die Russische Revolution, Stuttgart 1968, S. 107 ff.)

9./10. Stunde:
Die Wirtschafts- und Gesellschaftspolitik Lenins

Vorbemerkung:

In den beiden Stunden sollen als Schwerpunkte „Lenins sozialistisches Experiment: der sog. 'Kriegskommunismus' (1917–1921)" (9. Stunde) und dessen faktische Umkehr in der „Neuen Ökonomischen Politik: NEP (ab 1921)" (10. Stunde) behandelt werden.

Bedeutsam erscheint es uns zu zeigen, daß sich die Wirtschaft des kommunistischen Rußland nicht gradlinig, sondern in mehreren, sich zum Teil widersprechenden Etappen entwickelte, „die sich durch heftige Krisen voneinander" abgrenzten (M. Hiller, in: Telekolleg II, S. 129). Wichtiger Bestandteil

beider Stunden ist ferner die Frage, inwieweit die Theorie des Marxismus-Leninismus in beiden Wegen der Wirtschafts- und Gesellschaftspolitik ihren Niederschlag gefunden hat.

Es kann dabei schon aus zeitlichen Gründen nicht darum gehen, alle Maßnahmen beider Programme ausführlich darzustellen und jede einzelne kritisch nach ihrem ideologisch-programmatischen Stellenwert zu hinterfragen, vielmehr gilt es, das jeweilige Gesamtkonzept aufzuzeigen und zu beurteilen. Dabei muß darauf hingewiesen werden, daß

1. in den ersten Jahren der bolschewistischen Herrschaft (1917–1921) im sog. 'Kriegskommunismus' der Versuch unternommen würde, „den revolutionären Prozeß im Lande voranzutreiben" (R. Lorenz, in: Rußland, S. 281) mit dem Ziel, durch Errich-

tung einer „revolutionär-demokratischen Diktatur des Proletariats und der Bauernschaft" (zit. nach K.-H. Ruffmann, Sowjetrußland, dtv-Weltgeschichte des 20. Jahrhunderts, Bd. 8, München, 5/1975, S. 96) den Sozialismus möglichst rasch aufzubauen, und zwar vor dem Hintergrund eines erbitterten und opferreichen Bürgerkrieges, der die Wirtschaftseinheit des ohnehin unterentwickelten Rußland zerstörte, sowie einer ausländischen Intervention und außenpolitischer Isolierung des Landes.

In diesem Zusammenhang kann gezeigt werden, daß Lenin bei dieser Politik auf „das Programm der von ihm heftig bekämpften Sozialrevolutionäre" zurückgriff, nach dem „der Grund und Boden der gemeinsame Besitz aller Werktätigen darstellt" (K.-H. Ruffmann, Sowjetrußland, S. 97), das er in die neue bolschewistische Wirtschaft integrierte, die „auf zwei Grundpfeilern ruhte und heute noch ruht: der Sozialisierung, meist Nationalisierung, sämtlicher Produktionsmittel und der zentralen Steuerung und Planung aller Wirtschaftsvorgänge" (K.-H. Ruffmann, Sowjetrußland, S. 97).

Der Bürgerkrieg und der bäuerliche Widerstand zwangen zur 'Militarisierung' der Wirtschaft und zur Errichtung der 'Ernährungsdiktatur' im Mai 1918, gekennzeichnet durch eine rücksichtslose Ausbeutung der Bauern, ferner zum Übergang zur 'proletarischen Naturalwirtschaft' mit Rückgang der Markt- und Geldordnung, in der Löhne immer mehr in Naturalien bezahlt wurden, Geldsteuern abgeschafft waren.

Dahinter steckte die Überzeugung, „daß bei dem zu erwartenden raschen Übergang in den angestrebten kommunistischen Endzustand von Wirtschaft und Gesellschaft, d. h. beim Aufhören jeglicher Produktion für den Markt, auch das Geld als allgemeines Tauschmittel wertlos werden" würde (K.-H. Ruffmann, Sowjetrußland, S. 97).

Doch das Projekt des 'Kriegskommunismus', geboren aus der scheinbaren Notwendigkeit des Krieges, den Sozialismus praktisch „in einem Atemzuge" zu verwirklichen, schlug fehl, die Produktivität sank weit unter den Vorkriegsstand und die Wirtschaft verfiel, die Bevölkerung verharrte in einem erbärmlichen Hungerdasein, mehr als fünf Millionen Menschen verhungerten.

Lenins Politik scheiterte v. a. daran, daß sie die „stete Wechselwirkung zwischen Finanz- und Geldwirtschaft einerseits und Agrar- und Industrieproduktion andererseits" nicht berücksichtigte (K.-H. Ruffmann, Sowjetrußland, S. 100), aber auch am Mangel qualifizierter Fachkräfte in Industrie, Verwaltung und Planung;

2. die „Neue Ökonomische Politik", die der X. Parteikongreß im März 1921 verabschiedete, eine Kehrtwendung bedeutete, die besonders den produktionsmüden Bauern entgegenkam und „eine teilweise Rückkehr zu marktwirtschaftlichen Gepflogenheiten" brachte (K.-H. Ruffmann, Sowjetrußland, S. 103), ebenso eine erneute Anerkennung des Monetarismus – Einführung des 'Roten Rubels' = Tscherwonjez Ende 1922 (die Münze dürfte den Münzensammlern unter den Schülern ein Begriff sein).

Völlig revidiert wurde die Lohnpolitik: der Stücklohn wurde wieder zugelassen, ebenso leistungsbezogene Löhne, ein Prämiensystem zur Steigerung der Produktivität wurde eingeführt. Dies aber führte wieder zu einer starken Differenzierung der Gesellschaft und bedeutete eine völlige Abkehr von der bislang propagierten sozialen 'Gleichmacherei'. Lenin selbst hat diese Politik des 'NEP' als „Staatskapitalismus" bezeichnet, als einen vom Staat kontrollierten partiellen Kapitalismus, in dem gleichzeitig die zentrale Planung und Lenkung ausgebaut wurde.

Immerhin gelang es, die Wirtschaft zu stabilisieren, die Produktion in vielen Bereichen wesentlich zu steigern, das Chaos zu beseitigen, den Optimismus in der Bevölkerung zu wecken – deutliches Zeichen dafür war „ein erstaunliches Wachstum der Bevölkerung (…) mit über 4 Millionen Geburten pro Jahr" (von 1922 bis 1926 um 15 Mio. von etwa 132 auf rund 147 Mio.) (K.-H. Ruffmann, Sowjetrußland, S. 106).

„Rückblickend erscheint die NEP-Zeit im Bewußtsein des Sowjetbürgers, insbesondere nach der schweren Zeit der Industrialisierung und noch bis zur Gegenwart, als eine Art goldenes Zeitalter" (A. Karger, Sowjetunion, S. 122).

Aber die zahlreichen großen Probleme, besonders die „Disparität zwischen Agrar- und Industrieerzeugung und dem Mangel an Kapital für eine (als notwendig erkannte) Industrialisierung, die allein in der Lage gewesen wäre, unterbeschäftigte Landbevölkerung in die Stadt abzuführen" (A. Karger, Sowjetunion, S. 122), die Energie- und Rohstoffprobleme waren weiterhin nicht gelöst, zumal es immer noch an erfahrenen Fachkräften mangelte.

Ziele der Stunden:

Die Schüler erkennen
– die Inhalte der Termini 'Kriegskommunismus', 'Ernährungsdiktatur', 'proletarische Naturalwirtschaft', 'NEP';
– die Hauptziele, die nach der erfolgreichen Revolution angestrebt werden mußten.

Die Schüler erhalten Einsicht
– in die Gründe für das Scheitern des 'Kriegskommunismus' und
– in die Tatsache, daß die 'NEP' die Machtverhältnisse konsolidierte, die Wirtschaft vor dem endgültigen Chaos rettete, die Hauptprobleme aber nicht endgültig löste.

Die Schüler erarbeiten anhand von Quellentexten
– die wesentlichen Maßnahmen, die beide politischen Maßnahmen kennzeichnen und
vergleichen diese miteinander.

Die Schüler beurteilen sowohl die Politik des 'Kriegskommunismus' als auch die 'NEP' unter den ideologischen Gesichtspunkten der marxistisch-leninistischen Theorie.

9. Stunde:
Lenins sozialistisches Experiment: der sog. 'Kriegskommunismus' (1917–1921)

Verlaufsskizze:

Unterrichtsschritt 1:

Dieser Schritt dient einmal der Festigung erarbeiteten Stoffes, zum andern der Motivierung der Schüler, die wissen wollen, wie es nun weiterging.

Im Unterrichtsgespräch sollten folgende Gesprächsimpulse berücksichtigt werden:
– Welche wesentlichen Ziele mußten nach der erfolgreichen Revolution verfolgt werden? (Hier könnte gefragt werden, ob die Revolution überhaupt erfolgreich, ja abgeschlossen war.)
– War deren Durchsetzung ohne weiteres möglich?

Die Ergebnisse werden sukzessive im Tafelbild festgehalten.

Unterrichtsschritt 2:

Auswertung der Hausaufgabe im Unterrichtsgespräch (fragend-entwickelndes Verfahren empfiehlt sich hier).
Fragen zu den Texten:
– Welche Maßnahmen werden ergriffen? Gliedern Sie nach übergeordneten Bereichen!
– Erläutern Sie danach den Begriff 'Sozialisierung'!
– Beurteilen Sie die Maßnahmen etwa durch Vergleich mit Lenins Aprilthesen!

Das Tafelbild nennt die drei wichtigsten Dekrete:
'Dekret über die Verstaatlichung von Grund und Boden' vom November 1917,
'Dekret über die Arbeiterkontrolle', November 1917,
'Dekret des Rates der Volkskommissare über die Verstaatlichung der Industrie', Juni 1918.

Unterrichtsschritt 3:

Auswertung einer Statistik (s. Vorschlag für ein Arbeitsblatt): „Rückgang der Produktion".
Die Schüler sollen bereits hier das Scheitern des 'sozialistischen Experiments' erkennen, und zwar durch einen Vergleich von Produktionszahlen aus der Zeit 1913 bis 1920.
Als erschließende Frage bietet sich an:
– Was zeigt die Statistik?
– Wie kann man diese Entwicklung begründen?

Im Lehrervortrag, wobei Ergänzungen durch Schülerbeiträge auf der Basis einer vorbereitenden Lehrbucharbeit denkbar sind, werden dann die Auswirkungen für die Wirtschaft und die Bevölkerung zusammengefaßt und die politischen Folgen gezeigt. Absolut notwendig ist gerade hier das Tafelbild.
Bei den politischen Folgen sollten die Begriffe 'Ernährungsdiktatur' (Ablieferungspflicht und Requisitionssystem), 'Militarisierung der Arbeit' – „Fortsetzung des Bürgerkrieges um die Brotfrage", Trotzki – (Planwirtschaft, Subbotniks – subbota = Samstag = freiwillige unbezahlte Mehrarbeit; illustrierendes Leninzitat:

„Das Kommunistische beginnt erst dort, wo in großem Ausmaße unentgeltliche, von keiner Behörde, von keinem Staat genormte Arbeit von einzelnen zum Nutzen der Gesellschaft geleistet wird." [Lenin, Werke, Bd. 30, S. 276]; freilich steckte in der Praxis dahinter Zwang), 'proletarische Naturalwirtschaft' (Abschaffung der Geldsteuern, geldlose Verrechnung der Arbeitsleistung, kostenlose Speisehäuser) genannt und erläutert werden.

Ob der Lehrer auf den Kronstädter Matrosenaufstand näher eingehen will, sei ihm überlassen, würde aber nach Auffassung der Verfasser den gesteckten zeitlichen und thematischen Rahmen sprengen.

Unterrichtsschritt 4:

Auswertung eines Textes aus der Sekundärliteratur (s. Vorschlag für ein Arbeitsblatt), mit deren Hilfe einmal der Begriff 'Kriegskommunismus' erklärt und zugleich problematisiert werden soll. Eine zusammenfassende Beurteilung der Leninschen Politik und der Gründe ihres Scheiterns schließt das Thema ab.

Statt einer Textanalyse wäre wegen des geringeren Zeitaufwandes ein einfaches fragend-entwickelndes Verfahren denkbar, wobei der Vorteil bestünde, daß die Schüler, ohne von einem Text 'vorgeprägt' zu sein, eigenständige Beurteilungen finden können, am Schluß der Stunde erneut Schüleraktivität provoziert wird.

Hausaufgabe:

Die Schüler sollen anhand eines Lehrbuches die politische Lage in Rußland (Bürgerkrieg) erarbeiten!

Tafelbild (9. Stunde)

Lenins sozialistisches Experiment: der sog. ‚Kriegskommunismus' 1917–1921

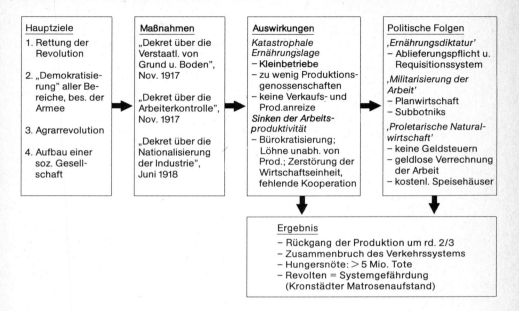

Vorschlag für ein Arbeitsblatt (zu Unterrichtsschritt 3)

Bruttoproduktion in Millionen Vorkriegsrubeln   Index

1913	8431	100
1917	6380	75,7
1918	3660	43,4
1919	1955	23,1
1920	1718	20,4

Ihr tiefstes Niveau erreichte die Produktion der Industrie im Jahre 1920.
Sie wies gegenüber dem Jahre 1913 folgende Ziffern auf (in Prozent):

Erdöl	42,7	Lokomotiven	14,8	
Kohle	27,0	Ziegelsteine	2,1	
Salz	30,0	Zucker	6,7	
Eisen	2,4			

S. N. Prokopovicz: Rußlands Volkswirtschaft unter den Sowjets. Zürich–New York 1944. S. 181 f.
(in: O. Anweiler, Russische Revolution, Klett 4223, S. 60)

Fragen:
1. Was zeigt die Statistik?
2. Wie kann man diese Entwicklung begründen?

zu Unterrichtsschritt 4:
Über das System des Kriegskommunismus:
„Das Nationalisierungsdekret vom 28. Juni 1918 war das Vorspiel zum System des Kriegskommunismus. In den nächsten beiden Jahren kämpfte das bolschewistische Regime um Leben oder Tod mit inneren und äußeren Feinden ... Die politischen und wirtschaftlichen Einrichtungen des Kriegs-

57

kommunismus stellten ein Gemisch von offensichtlich utopischer und praktischer Politik dar. In der Industrie ging die Entwicklung auf eine Ersetzung des freien Warenaustauschs durch einen staatlich gelenkten Tauschhandel ohne Geld. Die Fabrikdisziplin wurde auf eine halbmilitärische Grundlage gestellt. Auch innerhalb der Partei wurde die Disziplin verschärft ... Die Bauern wurden zahlreichen und rein willkürlichen Requisitionen unterworfen ...

Mit Hilfe des Kriegskommunismus konnten die Bolschewiki den Bürgerkrieg gewinnen und sich an der Macht behaupten. Aber dieses System ... schuf ebenso neue Probleme. Die doppelte Frucht des Kriegskommunismus waren politische Unruhe und ein katastrophaler Rückgang der Produktion und des Verbrauchs ... Die Parteiführer bemerkten, daß das System des Kriegskommunismus sie in eine Sackgasse führte. Auch wenn sie geglaubt haben mögen, daß sie sich mitten auf dem Wege zum Sozialismus befanden, so waren sie nicht blind für die Alarmsignale am Wegesrand ... So kam es zum Rückzug der Neuen Ökonomischen Politik."

B. Moore: Soviet Politics – the Dilemma of Power. Cambridge, Mass. 1950. S. 89 ff.
(in: O. Anweiler, Russische Revolution, Klett 4223, S. 58)

Aufgaben:
1. Zeigen Sie den Argumentationsgang des Textes!
2. Erläutern Sie danach den Begriff Kriegskommunismus!

10. Stunde:
Die 'Neue Ökonomische Politik' NEP (1921–1928)

Verlaufsskizze:

Unterrichtsschritt 1:

Nach der Nennung des Stundenthemas wird die Hausaufgabe aufgegriffen und im Unterrichtsgespräch die Lage Rußlands 1920/21 besprochen – Bürgerkrieg und Sieg der Bolschewisten über die 'weiße Konterrevolution', Folgen des 'Kriegskommunismus'. Die Antworten werden im Tafelbild festgehalten.

Unterrichtsschritt 2:

Im Zentrum dieses Teils der Stunde steht eine Quelle: Lenins Begründung der NEP vom März 1921 (in: Zeiten und Menschen G 2, S. 307 f., Haseloff u. a. [Hg.], Die UdSSR, S. 47 f., Weltgeschichte im Aufriß, 3/1, S. 162 ff.).

Mögliche erschließende Fragen:

– Welchen Wandel läßt der Text erkennen?
– Welche Maßnahmen nennt Lenin?
– Versuchen Sie, diese Wirtschaftsform zu bezeichnen und knapp zu definieren.

Als Vorbereitungshilfe für den Lehrer bietet sich der Lehrerbegleitband zum Lehrbuch „Zeiten und Menschen G 2" Schöningh-Schroedel an, wo auf weiterführende Literatur verwiesen wird.

Wesentlich ist, daß der Schüler den Begriff des 'Staatskapitalismus' begreifen und ihn von heutigen Erklärungen (etwa der Jungsozialisten) abgrenzen kann.

Staatskapitalismus meint hier nicht, daß der Staat an die Stelle der 'alten' Kapitalisten getreten ist, sondern einen vom Staat kontrollierten, partiellen Kapitalismus mit Rückkehr zum Monetarismus und marktwirtschaftlichen Gepflogenheiten bei weiterem Ausbau der Planung und Lenkung. Folgendes Zitat von K. C. Thalheimer könnte den Schülern diktiert werden: „Die Wirtschaftsordnung der Sowjetunion war (...) in der NEP-Periode eine Mischung von Kollektivismus und Individualismus, von Marktwirtschaft und Zentralverwaltungswirtschaft." (zit. in: K.-H. Ruffmann, Sowjetrußland, S. 104)

Unterrichtsschritt 3:

Zunächst sollen die Schüler zu diesem Wandel kritisch Stellung nehmen, dann sollen die Schülervermutungen überprüft werden.

Als Grundlage dient erneut der Lenin-Text aus Unterrichtsschritt 2, zu dem folgende Leitfragen gestellt werden können:
– Welche Begründung nennt Lenin?
  Wie sind dabei die beiden letzten Sätze zu interpretieren?
– Warum kann nach Lenin der Sozialismus in Rußland nicht sofort errichtet werden?

Um den Schülern die Beantwortung der letzten Frage zu erleichtern, sollte ihnen mittels einer Folie Lenins Kennzeichnung der russischen Volkswirtschaft gezeigt werden (siehe Anlage zu dieser Stunde).

Möglich wäre der Hinweis auf den Ende 1920 auf dem VIII. Sowjetkongreß unterbreiteten GOELRO-Plan; er sah vor, die Energiekrise durch den Bau von dreißig Überlandkraftwerken mit einer Gesamtleistung von 1,5 Mio. Kilowatt und einer 4,6fachung der Stromerzeugung gegenüber 1913 zu beheben (,,Neugestaltung der Wirtschaftszweige auf der Basis der elektrischen Energie") und/oder auf den sog. GOS-Plan 1921, der eine Koordinierung der Gesamtwirtschaft durch eine staatliche Planungskommission vorsah.

Unterrichtsschritt 4:

Im Lehrervortrag wird kurz auf die politischen Folgen der NEP eingegangen und im Tafelbild V festgehalten, das damit vervollständigt wird.

Abschließend gilt es, die drastische Kehrtwendung zu beurteilen, die der X. Parteikongreß mit dem Beschluß vollzog, den Übergang zum Staatskapitalismus zu vollziehen und das sozialistische Experiment zu beenden.

Als Gesprächsimpuls könnte dabei die Frage dienen:
– Wie kann man auf Grund der marxistisch-leninistischen Ideologie die NEP beurteilen?

Hausaufgabe:

Vorbereitende Lehrbucharbeit:

– Welche Entwicklung ergab sich nach Lenins Tod 1924?
– Wodurch unterschieden sich die Positionen? Fertige eine tabellarische Gegenüberstellung!

Vorschlag für eine Folie/Hektographie (Unterrichtsschritt 3)

Lenin: Die russische Volkswirtschaft sei durch fünf verschiedene sozioökonomische Faktoren gekennzeichnet:
1. *Faktor: die 'patriarchalische Bauernwirtschaft'*
     = geschlossene Hauswirtschaft
     = Individualwirtschaft
2. *Faktor: die zu geringe Warenproduktion*
     = Produktion vornehmlich für den Eigenbedarf
     = geringe Neigung zur Erneuerung des Produktionsapparates
     = veraltete Produktionsmethoden
3. *Faktor: der privatkapitalistische Sektor*
     = Marktorientierung
     = Profitstreben
4. *Faktor: der sozialistische Sektor*
     = Produktionsgenossenschaften auf Rätebasis
     = Bank-, Transportwesen, Handel
5. *Faktor: der staatskapitalistische Sektor*
     = z. B. Meščerskij-Projekt (Plan eines staatskapitalistischen Supertrusts – eine 'Nationale Gesellschaft' – mit rd. 300 000 Beschäftigten; fast die gesamte Schwerindustrie umfassend)
(nach: R. Lorenz, in: Rußland, S. 284)

Tafelbild (10. Stunde)

Die Neue Ökonomische Politik NEP 1921-1928

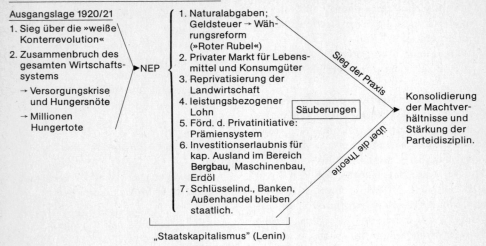

„Staatskapitalismus" (Lenin)

Vorschlag für eine Zeittafel

Die Wirtschafts- und Gesellschaftspolitik Lenins

I. Der sog. Kriegskommunismus 1917–1921

1. Agrarbereich:

26.10.1917:	Dekret über den Grund und Boden
Februar 1918:	Grundgesetz über den Boden
Frühjahr 1918:	Bodenverteilung zum größten Teil abgeschlossen
Mai 1918:	Beginn der sog. Ernährungsdiktatur als Folge der katastrophalen Ernährungslage Lenin: „Es könnte scheinen, als sei das nur ein Kampf um das Brot; in Wirklichkeit ist das der Kampf um den Sozialismus."
Januar 1918:	staatl. Requisitionssystem durch Gesetz zur Ablieferungspflicht gesetzlich abgesichert. Bildung städtischer Lebensmittelbeschaffungseinheiten Ausspielen Arbeiter gegen Bauern und Bauern gegen Kleinbauern und Dorfarmut
Juni 1918:	Bildung von Komitees der Dorfarmut
Ende 1918:	deren Auflösung und Bildung von Dorfsowjets

2. Industriebereich:

Nov. 1917:	Dekret über die Arbeiterkontrolle
März 1918:	Umorientierung der Industriepolitik
Mai 1918:	Erster Gesamtrussischer Volkswirtschaftskongreß: planmäßige Nationalisierung der Industrie, der Banken und des Transport- und Handelssystems
Juni 1918:	Dekret des Rates der Volkskommissare über die Verstaatlichung der Industrie
Nov. 1918:	Nationalisierung auch des Binnenhandels
Januar 1920:	„Militarisierung der Arbeit" (Trotzkij) 'proletarische Naturalwirtschaft' erster Energieplan gibt der Elektrizität Priorität
Dez. 1920:	GOELRO-Plan: „Neugestaltung aller Wirtschaftszweige auf der Basis der elektrischen Energie"

Winter 1920/21:   Zusammenbruch der Gesamtwirtschaft, Hungerrevolten auf dem Land und in den Städten
Roheisenproduktion sinkt auf den Stand der Produktion unter Zar Peter I. (1689–1725).

II. Die Neue Ökonomische Politik NEP 1921–1928
1921:   sog. GOS-Plan: Koordinierung der Gesamtwirtschaft durch eine staatliche Plankommission
X. Parteikongreß beschließt Übergang zum sog. Staatskapitalismus und Beendigung des sozialistischen Experiments des Kriegskommunismus
Verbot aller Oppositionsgruppen, Gleichschaltung der Gewerkschaften (nun verlängerter Arm der Partei!)

3. Stalin und der Aufbau des 'Sozialismus in einem Lande' (6 Stunden)

11. Stunde:
Kontroversen innerhalb der Partei über den weiteren Weg (1924–1929): Die Auseinandersetzung Stalin–Trotzki

Vorbemerkung:

Es ist Aufgabe dieser Stunde
1. zu zeigen, daß die bolschewistische Partei keine monolithische Partei war, was besonders nach dem Tod Lenins am 21. Januar 1924 ganz deutlich zutage trat, daß es vielmehr in ihr Strömungen, Gruppierungen gab, die zwar alle den Sozialismus und die klassenlose Gesellschaft anstrebten, deren Vorstellungen über Mittel und Wege zur Erreichung dieses allgemeinen Zieles doch stark differierten;
2. hinzuführen zu dem Themenkomplex 'Herrschaft Stalins', Gegenstand der folgenden Unterrichtsstunden 12 bis 15.

Das gewählte Verfahren, die wirtschaftlichen Aspekte der Auseinandersetzung zu vernachlässigen, mag vielen fragwürdig erscheinen, es ist aber unserer Meinung nach durch die genannte Funktion der Stunde gerechtfertigt, zumal besonders Stalins wirtschaftspolitische Vorstellungen später behandelt werden (Stunden 12 und 13).

Auch mag man die gewählten Texte kritisieren – sie stellen ja auch nur einen, wenn auch themenbezogenen Vorschlag dar, der durchaus nicht bindend ist –, aber sie erscheinen in bezug auf den Stellenwert der Stunde innerhalb der Unterrichtseinheit als durchaus geeignet.

Warum kam es überhaupt zu den Kontroversen in der Partei?
Die NEP hatte der Wirtschaft und der Gesellschaft der UdSSR, wie sich der Staat seit Dezember 1922 nannte, eine Erholungspause gebracht, aber das Grundproblem der nachzuholenden Industrialisierung nicht gelöst. So mehrten sich nach Lenins Tod die Anzeichen dafür, daß eine neue „Epoche der innersowjetischen Wirtschafts- und Gesellschaftspolitik" bevorstand (K.-H. Ruffmann, Sowjetrußland, S. 108).

„Der Zwang zur Industrialisierung ergab sich einmal aus der Rückständigkeit des Landes, zum andern ist es ein Kernstück der marxistischen Lehre, der die Sowjetführer folgten, daß jede neue Gesellschaft ihren progressiven Charakter gegenüber der geschichtlich vorangegangenen durch einen höheren Grad der (Entwicklung) der Produktivkräfte erweise" (C. Ferenczi, Die UdSSR. Die Epoche des Stalinismus, in: Telekolleg II Geschichte, S. 138 f.). Stalin formulierte dies

1926 in seiner Schrift „Fragen des Leninismus" wie folgt: „Die Hauptaufgabe der bürgerlichen Revolution besteht darin, die Macht zu ergreifen und sie mit der vorhandenen Ökonomik in Einklang zu bringen, während die Hauptaufgabe der proletarischen Revolution darin besteht, nach der Machtergreifung eine neue, die sozialistische Ökonomie aufzubauen" (zit. in: K.-H. Ruffmann, Sowjetrußland, S. 108).

Darin waren sich nahezu alle Gruppen in der KPdSU einig, strittig waren aber

1. das angestrebte Ausmaß der Industrialisierung
2. das als notwendig erachtete Tempo
3. die Rolle der Landwirtschaft und ihre Organisierung
4. ob der Sozialismus überhaupt in der Sowjetunion aufgebaut werden könnte, bevor die Weltrevolution das System des Kapitalismus weltweit beseitigt hatte.

Um diese Fragen drehten sich seit 1924/25 die Auseinandersetzungen zwischen der Parteilinken um Leo Trotzki und Preobrashenski und der Parteirechten um Rykow und Bucharin. Stalin nutzte diesen Streit um den neuen wirtschaftspolitischen Kurs zur Errichtung seiner Alleinherrschaft.

Ziele der Stunde:

Die Schüler erkennen
– die unterschiedlichen Positionen in der Partei über den neuen Kurs und
– unterscheiden die Parteilinke und die Parteirechte, die vielschichtige Interpretationsmöglichkeit der marxistisch-leninistischen Lehre;
– daß Stalins Lehre von der realpolitischen Lage der Sowjetunion ausging und von der Erkenntnis, daß die Sowjetunion weder ein Vorbild für andere Völker, noch ein ernstzunehmender Machtfaktor war.

Die Schüler erarbeiten
– Grundpositionen Stalins und Trotzkis.
Die Schüler beurteilen,
– ob Stalin oder Trotzki in der Nachfolge Lenins stand.

Verlaufsskizze:

Unterrichtsschritt 1:

Nach Bekanntgabe des Stundenthemas sollen die Schüler durch ein Zitat aus der Sekundärliteratur für den neuen Stoff motiviert werden:
„Die 'Neue Ökonomische Politik' brachte der Wirtschaft und Gesellschaft Sowjetrußlands eine mehrjährige Atempause zwischen zwei rigorosen Sozialisierungsphasen"
(K.-H. Ruffmann, Sowjetrußland, S. 108).
Mögliche Gesprächsimpulse:
– Was ist gemeint?
– Was unterscheidet die erste Sozialisierungsphase von der Politik der NEP?
Mit Hilfe dieses Zitats können zugleich die wesentlichen Kennzeichen des 'Kriegskommunismus' und der NEP wiederholt werden.

Unterrichtsschritt 2:

Auf der Basis des Lehrbuches muß dann die politische, nicht die wirtschaftliche Entwicklung der Sowjetunion dargestellt werden.
Als Antworten werden erwartet:
– Festigung der Parteidiktatur durch das 1921 ausgesprochene Verbot aller Oppositionsgruppen, durch 'Gleichschaltung' der Gewerkschaften, durch die Beauftragung Stalins mit Säuberungen innerhalb der Partei 1922 (GPU)
– Dezember 1922 Gründung der 'Union der Sozialistischen Sowjetrepubliken' (UdSSR) in Moskau auf dem X. Allrussischen Sowjetkongreß (1. Allunionskongreß)
– 1924 Ratifizierung einer Verfassung durch den 2. Allunionskongreß
– 21.1.1924 stirbt Lenin. Problem der Nachfolge.

Unterrichtsschritt 3:

Durch Auswertung der Hausaufgabe (Lehrbucharbeit) sollen nun die Positionen innerhalb der Partei zu den Grundproblemen des sowjetischen Staates grob skizziert werden; das Tafelbild hält die Ergebnisse in einer Gegenüberstellung der Ziele der Linken und der Rechten fest und nennt auch die jeweiligen Hauptvertreter beider Richtungen – Trotzki, ab 1926 verbündet mit Kamenew und Sinowjew und Bucharin, Rykow.

Erschließende Fragen (Fragen nicht zugleich stellen!):
– Welches waren Ihrer Meinung nach die Grundprobleme der UdSSR nach 1921?
– Warum war die Industrialisierung ein Hauptproblem?
– Welche Lösungsmöglichkeiten wurden in der Partei diskutiert?

Bei der zweiten Frage könnte auf die ähnliche Lage in den Ländern der Dritten Welt heute verwiesen werden – ähnlich wie in der 2. Stunde der Unterrichtseinheit.

Als Antworten werden erwartet:
– Sicherung der Versorgung der Bevölkerung;
  Aufbau einer sozialistischen Gesellschaft;
  nachzuholende Industrialisierung;
– die Sowjetunion war wirtschaftlich ein rückständiges Land und wollte eine unabhängige Eigenproduktion;
  nur durch Verstärkung des Proletariats und durch Übergang in eine höherentwickelte Stufe der Produktivkräfte war nach marxistischer Lehre der Sozialismus zu schaffen.
Die Antworten finden sich im Tafelbild.

Unterrichtsschritt 4:

Darstellung der Kontroverse Stalin – Trotzki durch eine Quellenanalyse;
zunächst sollte die Person Stalins vorgestellt werden; dies kann durch ein Schülerreferat geschehen, dessen Grundlage z. B. M. Rubel, Josef W. Stalin, rororo Bildmonographie

Nr. 244, sein kann, oder durch einen kurzen Lehrervortrag mit begleitender Zeittafel (s. Vorschlag).

Dann folgt die Textarbeit, die aus Zeitgründen in zwei Gruppen erfolgt; eine Gruppe bearbeitet den Auszug aus Leo Trotzki, Die permanente Revolution, die andere die Auszüge aus Stalin, Die Oktoberrevolution und die Taktik der Kommunisten, 1924, und aus Stalin, Rede vor dem XIV. Parteikongreß, 1925. Zu beiden Texten werden genaue Arbeitsaufträge gestellt, z. B.:
Welche Lehre vertritt Trotzki?
Wie beurteilt er die Chancen zur Durchsetzung des Sozialismus in der UdSSR?
Mit welchem Begriff läßt sie sich umschreiben?
Auf wen beruft er sich? Warum wohl?

Erwartete Antworten:
– Vorantreiben der Revolution im Innern, bis jede Klassenherrschaft beseitigt ist;
  Vorantreiben der Weltrevolution u. a. mit Hilfe der KOMINTERN;
  Ohne die tätige Hilfe des internationalen Proletariats ist eine Realisierung des Sozialismus unmöglich, da eine zusätzliche Gefährdung von außen existieren würde; als Begriff wird 'permanente Revolution' genannt; als Abgrenzung und zur Verteidigung beruft er sich auf Karl Marx.

Was fordert Stalin?
Wie ist sein Verhältnis zur Lehre Trotzkis?
Auf wen beruft er sich?
Wie begründet er seine Vorstellungen?

Erwartete Antworten:
– Aufbau des Sozialismus in Rußland ohne Rücksicht auf die Entwicklung in den kapitalistischen Ländern;
  Trotzki interpretiere die Lage in den kapitalistischen Ländern falsch, realitätsfern, ferner mangle es ihm am Vertrauen in die Stärke und das Können der Partei (Verstoß gegen die Parteidisziplin), Verrat an Lenins Parteilehre.

Im Gegensatz zu Trotzki beruft sich Stalin auf Lenin; die Weltrevolution sei noch fern;
der Aufbau des Sozialismus in einem Lande sei möglich:

1. da der Sozialismus in der UdSSR sich bereits im Aufbau befinde (nationalisierte Großindustrie, Banken und nationalisierter Außenhandel, Planung, Genossenschaftswesen)
2. Abwarten würde nur die bürgerlichen Kräfte in Rußland stärken und damit die Revolution gefährden, was wiederum den internationalen Kapitalismus nur noch weiter stärken würde.
3. verfüge die UdSSR über alle notwendigen Mittel.

Ein gegenüberstellender Tafelanschrieb hält stichwortartig die Ergebnisse fest.

Hausaufgabe:

Die Schüler sollen sich mit der Stalin-Rede vom 19.11.1928 vertraut machen und ihren Inhalt graphisch umsetzen (zit. in: Weltgeschichte im Aufriß, 3/1, Diesterweg, S.181; H.-J. Lieber u.a. [Hg], Sowjetkommunismus, Bd.1, S.259ff.).

Vorschlag für eine Hektographie (11. Stunde)

Die Person Josef Stalins

21.12.1879:	Josef Wassarionowitsch Dschugaschwili in Gori (Georgien) geboren; Vater – er verstarb 1890 – war von Beruf Schuhmacher; Mutter sehr religiös
1888–1893:	Besuch der Kirchenschule in Gori
1894–1899:	Besuch des Priesterseminars in Tiflis
1898/1899:	Beitritt zur illegalen georgischen sozialdemokratischen Partei – Deckname: „Koba" Ausschluß aus dem Priesterseminar
1901–1904:	Anführer von Streiks, Demonstrationen, wiederholte Verhaftung; Verbannung, aus der er aber flieht
1905:	Begegnung mit Lenin
1912:	Aufnahme ins Zentralkomitee der bolschewistischen Partei
1914–1917:	Verbannung in Sibirien am Jenissei
1917:	Rückkehr, Tätigkeit bei der „Prawda"; an der Oktoberrevolution nicht aktiv beteiligt; in der ersten bolschewistischen Regierung: Volkskommissar für die Angelegenheiten der Nationalitäten
1918–1921:	im Bürgerkrieg als Kommissar an mehreren Fronten tätig
1919:	Aufnahme ins Politbüro
1921–1923:	Volkskommissar für die Arbeiter- und Bauerninspektion
3. April 1922:	der XI. Parteitag wählt Stalin bei Abwesenheit des erkrankten Lenin zum Generalsekretär der Partei
4.1.1923:	Lenin fordert Stalins Absetzung
1927:	Ausschluß aller Gegner Stalins aus den Gremien der Partei
21.12.1929:	Stalin als „Woshdj", der „Führer", bezeichnet
1937:	Geheimprozesse gegen Tuchatschewski und andere Generäle der Roten Armee; Schauprozesse gegen 'Altbolschewisten'
1938:	Schauprozeß gegen Bucharin u.a.
1939:	Nichtangriffspakt mit dem nationalsozialistischen Deutschland Einmarsch in den Ostteil Polens; Angriff auf Finnland
1941:	Stalin übernimmt das Amt des Regierungschefs
1951:	Verhaftungswelle im Kaukasus
1953:	'Massensäuberungen'
5. März 1953:	Stalin stirbt an einem Gehirnschlag

Textbeilage zu Unterrichtsschritt 4:

Q 1: Leo Trotzki von der 'permanenten Revolution'

... Die permanente Revolution in dem Sinne, den Marx diesem Begriff gegeben hat, bedeutet eine Revolution, die sich mit keiner Form der Klassenherrschaft abfindet, die bei der demokratischen (= bürgerlichen) Etappe nicht haltmacht, zu sozialistischen Maßnahmen und zum Kriege gegen die Reaktion von außen übergeht, also eine Revolution, deren jede weitere Etappe in der vorangegangenen verankert ist und die nur enden kann mit der restlosen Liquidierung der Klassengesellschaft überhaupt ...

Erstens umfaßt sie das Problem des Übergangs der demokratischen Revolution in die sozialistische. Dies ist eigentlich die historische Entstehung der Theorie ... Lautete die traditionelle Meinung, daß der Weg zur Diktatur des Proletariats über eine lange Periode der Demokratie führe, so stellte die Theorie der permanenten Revolution fest, daß für die zurückgebliebenen Länder der Weg zur Demokratie über die Diktatur des Proletariats gehe ...

Der zweite Aspekt der „permanenten" Theorie charakterisiert bereits die sozialistische Revolution als solche. Während einer unbestimmt langen Zeit und im ständigen inneren Kampfe werden alle sozialen Beziehungen umgestaltet ... Ausbrüche von Bürgerkriegen und äußeren Kriegen wechseln mit Perioden „friedlicher" Reformen. Revolutionen der Wirtschaft, der Technik, der Wissenschaft, der Familie, der Sitten und Gebräuche entwickeln sich in komplizierten Wechselwirkungen und lassen die Gesellschaft nicht ins Gleichgewicht kommen. Darin besteht der permanente Charakter der Revolution als solcher ...

Der internationale Charakter der sozialistischen Revolution, der den dritten Aspekt der Theorie der permanenten Revolution bildet, ergibt sich aus dem heutigen Zustande der Ökonomik und der sozialen Struktur der Menschheit ... Die sozialistische Revolution beginnt auf nationalem Boden. Sie kann aber auf diesem Boden nicht vollzogen werden. Die Aufrechterhaltung der proletarischen Revolution in nationalem Rahmen kann nur ein provisorischer Zustand sein, wenn auch, wie die Erfahrung der Sowjetunion zeigt, einer von langer Dauer. Bei einer isolierten proletarischen Diktatur wachsen die inneren und äußeren Widersprüche unvermeidlich zusammen mit den wachsenden Erfolgen. Isoliert bleibend, muß der proletarische Staat schließlich Opfer dieser Widersprüche werden. Der Ausweg besteht für ihn nur in dem Siege des Proletariats der fortgeschrittenen Länder ... Die internationale Revolution stellt einen permanenten Prozeß dar, trotz aller zeitlichen Auf- und Abstiege ...

(Aus: Leo Trotzki: Die permanente Revolution. Frankfurt 1969, S. 26–29; in: Telekolleg II Geschichte, TR-Verlagsunion München, 1972, S. 143f.)

Q 2: Stalins 'Antwort'
a) auf dem XIV. Parteikongreß:

„Wie aber, wenn es der internationalen Revolution beschieden sein sollte, mit Verspätung einzutreffen? Gibt es da irgendeinen Lichtblick für unsere Revolution? Bei Trotzki gibt es keinen Lichtblick, denn ‚die Widersprüche in der Stellung der Arbeiterregierung ... werden nur ... in der Arena der Weltrevolution des Proletariats ihre Lösung finden können'. Nach diesem Plan verbleibt unserer Revolution nur die eine Perspektive: in ihren eigenen Widersprüchen fortzuvegetieren und in Erwartung der Weltrevolution auf dem Halm zu verfaulen."

J. W. Stalin, Werke, Bd. 6, Berlin 1952, S. 329

(in: G. v. Rauch, Machtkämpfe und soziale Wandlungen in der Sowjetunion seit 1923, Klett 42611, S. 9, T14)

b) ... Da aber nun im Westen der Sieg noch nicht da ist, so bleibt der Revolution in Rußland nur die „Wahl": entweder auf dem Halm zu verfaulen oder zu einem bürgerlichen Staat zu entarten.
Nicht von ungefähr spricht Trotzki schon seit zwei Jahren von der „Entartung" unserer Partei.
Nicht von ungefähr prophezeite Trotzki im vorigen Jahr den „Untergang" unseres Landes.
Wie soll man diese seltsame „Theorie" mit Lenins Theorie vom „Siege des Sozialismus in einem Lande" in Einklang bringen?
Wie soll man diese seltsame „Perspektive" mit der Perspektive Lenins in Einklang bringen, daß die Neue Ökonomische Politik uns die Möglichkeit geben wird, „das Fundament der sozialistischen Ökonomik zu errichten"? ...

Es ist klar, daß es hier keinen Einklang gibt noch geben kann ... Unglaube an die Kräfte und Fähigkeiten unserer Revolution, Unglaube an die Kräfte und Fähigkeiten des russischen Proletariats – das ist die Grundlage der Theorie der „permanenten Revolution" ...

(Aus: Stalin: Die Oktoberrevolution und die Taktik der russischen Kommunisten, in: ders.: Werke (1924) Bd. 6. Berlin 1952, S. 336 ff.)

(in: Telekolleg II, S. 144)

... Also, ist die Errichtung der sozialistischen Wirtschaft in unserem Lande möglich, ohne den vorherigen Sieg des Sozialismus in anderen Ländern, ohne daß das siegreiche Proletariat des Westens direkte Hilfe mit Technik und Ausrüstung leistet?

Ja, sie ist möglich. Und sie ist nicht nur möglich, sondern auch notwendig und unausbleiblich. Denn wir bauen bereits den Sozialismus auf, indem wir die nationalisierte Industrie entwickeln und sie mit der Landwirtschaft zusammenschließen, indem wir das Genossenschaftswesen auf dem Lande entfalten und die bäuerliche Wirtschaft in das allgemeine System der sowjetischen Entwicklung einbeziehen, indem wir die Sowjets beleben und den Staatsapparat mit den Millionenmassen der Bevölkerung verschmelzen, indem wir eine neue Kultur aufbauen und ein neues gesellschaftliches Leben entfalten. Es besteht kein Zweifel, daß es auf diesem Wege eine Unzahl von Schwierigkeiten gibt, daß uns noch eine ganze Reihe von Prüfungen bevorsteht. Es besteht kein Zweifel, daß unsere Aufgabe von Grund aus erleichtert würde, wenn uns der Sieg des Sozialismus im Westen zu Hilfe käme. Aber erstens wird der Sieg des Sozialismus im Westen nicht so schnell ‚zustande gebracht', wie wir das wünschen, und zweitens lassen sich diese Schwierigkeiten überwinden, und wir überwinden sie bekanntlich schon.

(Aus: Stalin: Fragen und Antworten, in: ders.: Werke (1925) Bd. 7. Berlin 1952, S. 173 f.)

(in: Telekolleg II, S. 144 f.)

12. Stunde:
Die Kollektivierung der Landwirtschaft

Vorbemerkung:

Die Wirtschaftspolitik Stalins ist deshalb in dieser Unterrichtsreihe von Bedeutung, weil sich an ihr beispielhaft zeigt, wie die Erwartungen gegenüber der russischen Revolution in ihr Gegenteil gekehrt wurden: nicht *mehr* Demokratie als im bürgerlichen Repräsentativsystem war das Ergebnis, sondern politische Enteignung der russischen Bevölkerung; nicht Beseitigung der Klassen wurde erzielt, sondern eine neue Privilegienordnung geschaffen; jeglicher kritische Geist wurde durch das stalinistische Modell unterdrückt, und nur die Tugenden des mechanischen Gehorsams wurden gefördert.

Stalins Politik des „Sozialismus in einem Lande" ist im Zusammenhang mit den ideologischen und personellen Auseinandersetzungen der Jahre 1923–29 zu sehen, bei denen sich Stalin durchsetzen konnte, weil er eine die Einheit und Geschlossenheit der Partei stärkende Haltung zu vertreten schien, und weil seine Theorie vom „Aufbau des Sozialismus in einem Lande" ambivalent genug war, um unterschiedlichen politischen Richtungen ideologisch zu genügen.

Die Schüler lernen weiterhin an der Wirtschaftspolitik Stalins, daß durch Kollektivierung und Industrialisierung ein Umbruch einzusetzen begann, der die Wirtschafts- und Gesellschaftsordnung der heutigen UdSSR mitbestimmt hat. Die Wirtschaftspolitik Stalins wird drei Stunden beanspruchen. In der ersten Stunde soll auf den „Sozialismus in einem Lande" eingegangen werden und die Bedeutung der Kollektivierung erkannt werden. Die zweite Stunde hat die Industrialisierung und ihre Probleme zum Thema. In der dritten Stunde soll auf die sozialen Veränderungen dieser „Revolution von oben" eingegangen werden.

„Sozialismus in einem Lande"
und Kollektivierung

In dieser Stunde sollen die Schüler in einem
ersten Schritt erkennen, welche politischen,
wirtschaftlichen und ideologischen Aspekte
hinter der neuen Wirtschaftspolitik Stalins
steckten. Dabei sollen die Schüler befähigt
werden, die stalinistische Politik von verschiedenen Perspektiven aus zu betrachten.
Das bedeutet, daß die politischen und – dem
Thema entsprechend – die wirtschaftlichen
Probleme der Sowjetunion im Unterricht in
den Vordergrund treten sollen.
Bei der Bestimmung des Begriffs „Sozialismus in einem Lande" soll den Schülern der
von der Sowjetführung intendierte Zusammenhang von Industrialisierung, Kollektivierung und Verteidigungspolitik kritisch deutlich gemacht werden, wobei klargestellt werden sollte, daß die These von der Interventionsgefahr der Mobilisierung der Massen
dienen sollte (Appell an den Sowjetpatriotismus; vgl. Boetticher, Industrialisierungspolitik und Verteidigungskonzeption, 1979).

In einem zweiten Schritt sollen Voraussetzungen, Ziele und Veränderungen der
Agrarpolitik vermittelt werden. Ein Vergleich mit der Agrarstruktur vor der Revolution und zur Zeit der NEP soll die wirtschaftlichen Probleme zeigen, der Vergleich der
Sozialstruktur soll die politischen und ideologischen Schwierigkeiten der Sowjetführung
veranschaulichen. Hierbei kann man
auf Erkenntnisse aus früheren Stunden zu-
rückgreifen.
Der Verlauf der Kollektivierung zeigt, wo die
Ursachen dazu liegen könnten, was den Bezug zum ersten Schritt dieser Stunde wieder-
herstellt. Außerdem wird deutlich, wie die
bäuerliche Bevölkerung auf die Maßnahmen
der Regierung reagierte und wie diese ihre
Konzeption durchzusetzen versuchte.

Die Schüler lernen neben diesen Methoden
der Veränderung die neuen Formen der Kol-
lektivwirtschaft kennen, die die Entstehung
der heutigen sowjetischen Landwirtschaft
prägen.
Bei der Frage nach den Ergebnissen dieses
sowjetischen Experiments des Sozialismus
soll die Bedeutung dieser gesellschaftlichen
und politischen Veränderungen für Staat und
Betroffene kritisch verglichen werden.

Ziele der Stunde:

Die Schüler erkennen,
– daß ein enger Zusammenhang besteht zwischen politischem Wechsel und neuer
  Wirtschaftspolitik;
– daß dieser Wandel auch ideologische Ursachen hatte;
– daß ein Zusammenhang zwischen Industrialisierung, Kollektivierung und Verteidigungspolitik hergestellt wird und letzere
  taktische Absichten beinhaltet;
– die Voraussetzungen, Ziele, Methoden
  und Probleme der Kollektivierung;
– daß die Kollektivierung ein Bruch in der
  Agrarstruktur und Sozialstruktur der
  Bauern bedeutet.

Die Schüler erarbeiten
– eine Skizze zu einer Rede;
– ein Schaubild einer Sozialstruktur;
– anhand einer Zeittafel Verlauf und Thesen
  zur Kollektivierung.

Die Schüler beurteilen
– die Argumentation einer Rede;
– den 'Wahrheitsgehalt' einer These;
– den Grad des sozialen Wandels.

Verlaufsskizze:

Unterrichtsschritt 1:

Das Thema der nächsten Stunden wird vom
Lehrer bekanntgegeben, wobei die Bedeutung der Veränderungen und ihre kontroverse Beurteilung hervorgehoben werden
sollte. Danach soll die Stalin-Rede ausgewertet werden. Bei dem von Stalin dargelegten

Widerspruch zwischen der 'fortschrittlichsten Gesellschafts- und Staatsordnung' und der 'Rückständigkeit in technischer Hinsicht' erkennen die Schüler, wie Stalin mit der marxistischen Revolutionstheorie und dem Basis-Überbau-Modell umspringt: er stellt sie einfach auf den Kopf, nennt dann aber auch die von ihm bewirkten Veränderungen „Revolution von oben".

Die Notwendigkeit der forcierten Industrialisierungspolitik sieht Stalin in der Einkreisung durch die kapitalistischen Länder, die eingeholt und überholt werden müssen. Der Aufbau der Schwerindustrie sollte dabei Vorrang haben; da die Kapitalbildung zu diesem Aufbau aber nicht von der Industrie geleistet werden konnte, sollte die Landwirtschaft die Funktion als Akkumulationsreservoir der Industrie übernehmen; diese sollte wiederum helfen, die Rückständigkeit und Zersplitterung der russischen Landwirtschaft zu beseitigen. Schon hier können die Schüler aus dem Gesagten und Verschwiegenen wirtschafts- und machtpolitische sowie ideologische Probleme antizipieren und weitergehende Fragen an den Text stellen. Die Antworten sollten an der Tafel stichwortartig festgehalten werden und bei der Gesamtbeurteilung aufgegriffen und eventuell korrigiert werden.

Ergänzung: „Verteidigungspolitik"

Es soll erkannt werden, daß eine eindeutige Meinung über die militärische Bedrohung der UdSSR auf sowjetischer Seite nicht vorhanden war, daß stets eine Gefahr im Kapitalismus gesehen wurde, daß sich die Argumentationsweise der Situation des Kapitalismus anpaßte (siehe Textbeilage). Die Aussage des westlichen Beobachters (F. Sternberg, Moskau – Berlin – New York, 1930, zitiert nach M. v. Bötticher), charakterisiert die Lage treffend, wonach geschlossen werden kann, daß diese Gefahr in der Tat vor allem der Moblisierung der Massen dienen sollte.

Als Unterstützung der These der Interventionsgefahr wird in der Regel hingewiesen auf die internationalen Spannungen: Großbritannien brach die diplomatischen Beziehungen ab, das Verhältnis zu Frankreich war gestört, der sowjetische Vertreter in Polen wurde ermordet, die sowjetische Chinapolitik war gescheitert.

(Diese Erweiterung ist auch in Form eines Schülerreferats möglich.)

Unterrichtsschritt 2:

Hier sollen die Voraussetzungen und Ziele der Kollektivierung besprochen werden. Dabei ist es sinnvoll, noch einmal kurz die allgemeine Situation der Landwirtschaft vor der Revolution zu skizzieren, dann aber näher auf die Entwicklung durch die NEP einzugehen. Durch einen Überblick sollen hierbei die ökonomischen und sozialen Probleme, vor denen die Sowjetführung stand, erkannt werden. An der Tafel werden die Veränderung der Agrar- und Sozialstruktur und die daraus entstehenden Probleme festgehalten. Zunächst wird im Lehrervortrag dargelegt, daß die Struktur der alten russischen Bauernwirtschat und die geographischen Bedingungen des Landes günstige Voraussetzungen für den Übergang zum kollektiven landwirtschaftlichen Großbetrieb boten. Auch hätte sich die Tatsache, daß die private Verfügungsform in Rußland weniger verbreitet war als in Westeuropa wie auch die weniger starke Verwurzelung der Masse der Bauern an den Boden eher fördernd für den Zusammenschluß zu Großbetrieben auswirken müssen. „Die Ablösung der verfallenen Zwergwirtschaft durch den kollektiven Großbetrieb und die mechanisierte Bodenbearbeitung hätte zu einer außergewöhnlichen Steigerung der landwirtschaftlichen Leistungsfähigkeit führen müssen" (Lorenz, Rußland, S. 322).

In einem weiteren Schritt sollten Ergebnisse der NEP auf dem Gebiet der Landwirtschaft grob skizziert werden. Danach lernen die Schüler die vier sozialen Gruppen kennen, wobei Erläuterungen durch den Lehrer nötig sind (s. Vorschlag für eine Hektographie). Hier bietet sich ein Vergleich mit der Sozialstruktur vor der Revolution an (vgl. Tafelbild zur 1. Stunde). Es zeigt sich, daß die soziale Verschiebung den Bauern zugute kam. Stalin erwähnt vor der Revolution 15–16 Mio.

(Ruffmann: 1918 16,5), nach der Revolution 24–25 Mio. (Ruffmann: 1929 25,9) individuelle Wirtschaften. Die Sozialstruktur soll an der Tafel skizziert werden; die These von Lorenz („Reproduktion alter Abhängigkeits- und Ausbeutungsverhältnisse") soll die Schüler zur Stellungnahme auffordern.

Erläuterung zu den vier sozialen Gruppen:

Das *Landproletariat* arbeitete bei den bäuerlichen Oberschichten oder kommunalen Betrieben. Die *Dorfarmut* bildete jene Zwergwirtschaften mit wenig Boden, der z. T. noch verpachtet werden mußte, da Vieh und Gerät zur Bearbeitung fehlten; jenes mußte gemietet werden. Die Betriebe der *Mittelbauern* waren meist Familienbetriebe, die nur ausnahmsweise Lohnarbeiter einstellten; sie besaßen ausreichend Inventar. Die besondere Position der *Kulaken* setzte sich zusammen aus der Bodenpacht (sie bildete die wichtigste Form der Landerweiterung und war möglich, da ärmere Bauern gezwungen waren, Land zu verpachten), dem Besitz von landwirtschaftlichem Inventar und der Einstellung von Lohnarbeitern. Sie besaßen große Anbauflächen, vermieteten Arbeitsvieh und Inventar, betätigten sich im Handel und verliehen Geld zu Wucherzinsen. Sie besaßen 4% der Höfe, 13% der landwirtschaftlichen Nutzfläche; sie lieferten 1/5 des Getreides und 1/7 der übrigen landwirtschaftlichen Erzeugnisse. 1925/26 galten sie als Krisenmacher, da durch ihr Zurückhalten der Vorräte die Preise kletterten und die wirtschaftliche Verbindung Stadt-Land gestört wurde (siehe Zeittafel). Politisch gelang es den Kulaken, die Agrargemeinde zu beherrschen und z. T. auch den Dorfsowjet beiseite zu drängen bzw. von sich abhängig zu machen. Man kann zu dem Ergebnis kommen, daß sich „alte Abhängigkeits- und Ausbeutungsverhältnisse reproduzierten, die man mit der Revolution für immer überwunden glaubte" (Lorenz, Rußland, S. 309, auch Ruffmann S. 107, vgl. auch Haumann S. 34 f.).

Unterrichtsschritt 3:

Bei der Auswertung der Zeittafel (siehe Beilage) wird deutlich, daß in der sowjetischen Staatsführung durch die 'Getreidekrise' ein Umdenken einsetzte. Der nach dem Zusammenbruch des Getreidemarktes immer stärker werdende Druck auf die reicheren Bauern führte letztlich zur Vertreibung der Kulaken und zu einer Massenflucht in die gerade entstehenden Kollektivwirtschaften. Da die Sowjetführung sich gegen eine Bevorzugung der Konsumgüterindustrie wehrte, konnte wirtschaftliches Wachstum über die Nachfrageentwicklung nicht entstehen (Problem des „reaktiven Kaufkrafteffektes").

Von dieser Tatsache ausgehend, kann mit den Schülern ein grundsätzliches Problem diskutiert werden:

Wie kann Planmäßigkeit und sozialistischer Aufbau mit dem freien Wirtschaften von Einzelbauern, Privathändlern und Kleinunternehmern in Einklang gebracht werden?

Die Schüler sollen außerdem beim Auswerten der Zeittafel Phasen und Methoden der Kollektivierung herausarbeiten. Man kann dabei drei Phasen erkennen: eine, in der durch Druck eine unorganisierte Massenbewegung, ein wildes Kollektivieren entstand, das begleitet war von passivem Widerstand und Abschlachten des Viehs. Genauere Informationen über das Ausmaß und die Auswirkungen des Viehverlusts gibt die Tabelle „Verluste der Viehwirtschaft" (siehe Vorschlag für ein Arbeitsblatt).

Als Reaktion auf dieses hektische Kollektivieren wurde dessen Tempo kurzfristig zurückgenommen, was von den Bauern völlig mißverstanden wurde, sie traten nämlich wieder aus den Kollektivwirtschaften aus. 1930 setzte ein neuer, verschärfter Koletivierungsprozeß ein, an dessen Ende dann 96,9% der Betriebe erfaßt waren. Die Schüler sollen am Ende dieser Informationsphase zu einer Stellungnahme aufgefordert werden (siehe Fragen im Stundenblatt).

Unterrichtsschritt 4:

Die Statistiken „Daten zur Landwirtschaft" und „Verluste der Viehwirtschaft" (siehe Vorschlag für ein Arbeitsblatt) sollen ausgewertet werden, wobei die Entwicklung in den Jahren 1928 und 1940 untersucht werden soll.

Bei der Auswertung sollten auch schon die durch die Industrialisierung bewirkten 'Verbesserungen' des Inventars (Traktoren) in die Beantwortung der Frage nach dem Verhältnis von Einsatz und Ergebnis mit eingehen. Die Daten über die Fleischerzeugung führen zu Problemen, die den einzelnen Menschen direkt betrafen.

Hier könnte ein Lehrervortrag weitere Informationen liefern, die im Tafelbild festgehalten werden (siehe Tafelanschrieb, Stundenblatt 12, Unterrichtsschritt 3).

Da zu erkennen ist, daß sich die Lage der Bevölkerung trotz relativ günstiger Voraussetzungen verschlechtert hat, sollte nach den Interessen, die hinter diesen Maßnahmen standen, wie auch nach den Ursachen dieser Entwicklung gefragt werden.

Hausaufgabe:

Auswerten der Tabelle „Erzeugung ausgewählter Rohstoffe" und Formulierung von Fragen an die Statistik (siehe Hektographie-Vorschlag: Hausaufgabe).

Textbeilage zur Erweiterung
„Verteidigungspolitik"

1925 erklärt Stalin, daß man die Gefahr einer Intervention nicht grundsätzlich ausschließen könne, solange die Sowjetunion den kapitalistischen Ländern isoliert gegenüberstehe. Er rechnet aber nicht mit einer bewaffneten Intervention: „Dazu müßte der Imperialismus zumindest ebenso mächtig sein, wie er z.B. vor dem Krieg war ..." (S.95).

Bucharin behauptet 1927, daß Widersprüche zwischen den kapitalistischen Ländern bestünden, die so tiefgreifend seien, daß sie früher oder später zu einem Krieg führen müssen. Er sagt aber auch: „... die Schlußfolgerung ..., daß diese Grundsätze in der gegenwärtigen Phase der internationalen Entwicklung die Möglichkeit eines Angriffs auf uns *ausschließen,* diese Schlußfolgerung bestreite ich kategorisch." „Denn wenn den kapitalistischen Staaten die gemeinsame Gefahr allzu groß erscheine, treten die Widersprüche zwischen ihnen zeitweise zurück zugunsten eines gemeinsamen Kampfes gegen eine wichtigere, für sie entscheidendere *gemeinsame* Gefahr ..." (S.100).

„Das zur Zeit der Weltwirtschaftskrise zunehmende Bedürfnis der kapitalistischen Länder nach ausländischen Märkten und Aufträgen wird von sowjetischer Seite fast ausschließlich als ein Moment interpretiert, das einen neuen Überfall auf die UdSSR immer wahrscheinlicher machè, weil nun die Widersprüche des Kapitalismus auf Kosten des ersten proletarischen Staates gelöst werden sollen. Daß die Weltwirtschaftskrise demgegenüber vor allem einen Faktor darstellt, der umgekehrt auf friedliche Wirtschaftsbeziehungen der einzelnen kapitalistischen Länder zur Sowjetunion begünstigen kann, wie die damaligen Kommentare sowjetischer Außenpolitiker betonen, bleibt ... außer Betracht."

„Von daher heißt es zu Beginn der dreißiger Jahre, die Zeit der Atempause sei zu Ende, die Bedrohung des sowjetischen Staates nun größer als jemals zuvor ..." (S.108/9).

(v.Boetticher, Industrialisierungspolitik und Verteidigungskonzeption der UdSSR 1926–1930, Düsseldorf 1979)

Vorschlag für eine Hektographie

1. Zahlen zur Sozialstruktur auf dem Land (1926)

Landproletariat	5,8 Millionen	–	5,3%	⎫
Dorfarmut	22,4 Millionen	–	20,4%	der Land-
Mittelbauern	76,7 Millionen	–	69,9%	bevölkerung
Kulaken	4,9 Millionen	–	4,5%	⎭

nach: R. Lorenz, in: Fischer Weltgeschichte, Bd. 31, S. 305
(Vgl. auch Stunde 1, Unterrichtsschritt 2)

Fragen:
1. Was hat sich an der Sozialstruktur verändert?
2. Welche Entwicklungen sind erkennbar?
3. Kann man von der „Reproduktion alter Abhängigkeits- und Ausbeutungsverhältnisse" sprechen?
4. Wie könnte die Sowjetführung dieser Entwicklung entgegenwirken?

2. Die Verluste der Viehwirtschaft durch die Kollektivierung 1928–1933 verglichen mit 1916 und 1941

Bestand in Mio. Stück	1916	1928	1933	1941
Kühe	28,8	30,7	19,6	28,0
Pferde	38,2	33,5	19,6	21,1
Schafe, Ziegen	96,3	146,7	50,2	91,7
Schweine	33,0	26,0	12,1	27,6

(aus: Karger, Adolf: Die Sowjetunion als Wirtschaftsmacht, Frankfurt, Diesterweg [3]1970)

Fragen:
1. Was hat sich durch die Kollektivierung verändert?
2. Welche Entwicklung ist erkennbar?
3. Welche Probleme entstanden?

3. Ausgewählte Daten zur Landwirtschaft der SU 1928 und 1940

Ausgewählte Jahre	1928	1940
Getreidefläche in Mio. ha.	92	111
in % der Aussaatfläche	82	73
Getreideproduktion in Mio. t	73	96
Getreideertrag in dz/ha	7,9	8,6
Kunstdünger pro ha Ackerland kg	0,04	3,1
Staatl. Getreideablieferung in Mio. t	11	36
Rinderbestand in Mio. Stück	58	55
Schweinebestand in Mio. Stück	19	28
Fleischerzeugung in Mio. t	4,9	4,7
Traktoren, 1000 Stück	27	531
Lastkraftwagen, 1000 Stück	0,7	288
Beschäftigte, Soz. Landw. Mio.	1,1	31,3
davon in Kolchosen, Mio.	0,8	29,0
in Sowchosen, Mio.	0,3	1,8

Vorschlag für eine Zeittafel

Kollektivierung und Industrialisierung

1925   Der 14. Parteitag fordert, die „UdSSR aus einem Land, das Maschinen und Ausrüstung importiert, in ein Land, das Maschinen und Ausrüstung exportiert, zu verwandeln"
drei Zielsetzungen: – Entfaltung der Produktivkräfte
– Hebung des Lebensstandards
– Ausweitung der sozialistischen Wirtschaftsformen
erstmals wird ein Jahreswirtschaftsplan ausgearbeitet;
Landwirtschaft und Konsumgüter befriedigend, Produktionsmittelindustrie unbefriedigend, da Auslandskapital für Neuinvestitionen fehlt.
Privater Sektor der Volkswirtschaft erwirtschaftet 54% des Nationaleinkommens (Landwirtschaft, Handel, Kleinindustrie).
„Warenhungerkrise": die Überschuß produzierenden Bauern ziehen sich vom Markt zurück, da es der Industrie nicht möglich war, sie ausreichend mit Geräten und Konsumgütern zu versorgen.

1927/1928   15. Parteitag betont die Bedeutung des wirtschaftlichen Gleichgewichts, warnt vor einseitiger Forcierung der Schwerindustrie. Angesetzte Wachstumsraten: 10–20% (vgl. westl. Industrieländer 2–4%)
„Getreidekrise": trotz guter Ernte liegt die Getreidebeschaffung unter den Erwartungen; durch die ausfallenden Agrarexporte ist die Industrialisierung erneut bedroht.
Die Bereitschaft wächst, die *Verhältnisse in der Landwirtschaft radikal zu ändern,* Stalin übernimmt das Zukunftsprogamm der eben noch bekämpften „linken Opposition": forcierte Industrialisierung und radikale Kollektivierung. Kulaken und reichere Bauern müssen Requisitionen der Getreideüberschüsse hinnehmen, sie dürfen kein Inventar mehr verpachten, Einstellung von Lohnarbeitern und Kauf neuer Geräte war für sie erschwert, Verlust des Stimmrechts.

Ende 1928   wirtschaftlicher Entwicklungsstand von 1913 erreicht

April 1929   1. Fünfjahresplan (1928–32) bedeutet neue Industrialisierungspolitik und Bruch mit Politik der NEP: Ausbau einzelner Schlüsselindustrien sollte beschleunigt werden (Metallproduktion, Maschinenbau, Energieerzeugung); Ziel: Entwicklung nachholen, für die andere Länder Jahrzehnte und Jahrhunderte brauchten – durch: ununterbrochenes Betriebsjahr, Einführung des ständigen Wettbewerbs (Bewegung der Stoßarbeiterbrigaden, bei Planrückständen eingesetzt)
Losung: „Fünfjahresplan in vier Jahren!" *Massenkollektivierung* fordert Traktoren, Landmaschinen und Automobile, was wiederum von Metall- und Erdölindustrie erhöhte Leistung erfordert. Ziel: statt 91 000 443 000 Traktoren (1923: 6 Stück).

Oktober   Der private Markt wird abgeschafft: *ökonomische Basis der Kulaken zerstört. Massenbewegung in Kollektivwirtschaften, die Regierung und Partei nicht unter Kontrolle hat. Massenschlachtungen.*

Dezember   *4,1% in Kolchosen. Kollektivierung offiziell beschlossen;*
Stalin: „Offensive gegen das Kulakentum"

1930–1932   *„Liquidierung des Kulakentums als Klasse" (2–3 Mio. verschleppt)*
Einzelerfolge: Durchgangsverkehr auf der Turkestan-Sibir. Eisenbahn eröffnet (1500 km); in Rostov Landmaschinenwerk, in Stalingrad Traktorenwerk. Einzelne Industriezweige erreichen Planziel frühzeitig, worauf der 16. Parteitag ein neues Zentrum der Schwerindustrie beschließt (Ural-Kuzneck-Kombinat: Kohlefelder und Erzvorkommen) und Normen hochsetzt.

März 1930   *58% Kollektivierung; Stalin kritisiert Parteifunktionäre: Zwang und Terror führten zu wachsendem passiven Widerstand – Frühjahrsbestellung gefährdet – Kollektivierungstempo wurde zurückgenommen. – Kollektivwirtschaften lösen sich auf;*

Mai   *23,6% kollektiviert*

Ende 1930   *neuer Kollektivierungsprozeß; Einzelbauern zahlen höhere Steuern, Kolchosbauern bekommen Nachlässe, Kredite, Maschinen. ⁴/₅ in Getreideanbaugebieten kollektiviert, ⁷/₁₀ der Gesamtanbaufläche. Stalin: „Die Partei hat erreicht, daß die UdSSR aus einem Land kleinbäuerlicher Wirtschaft bereits zum Lande der größten landwirtschaftlichen Betriebe der Welt geworden ist."*

1931 *52,7% kollektiviert;* Jahresplan sah Zuwachsrate um 45% vor, Stalin: „Das Tempo darf nicht herabgesetzt werden! Im Gegenteil ... Wir sind hinter den fortgeschrittenen Ländern um 50–100 Jahre zurückgeblieben. Wir müssen diese Distanz in 10 Jahren durchlaufen. Entweder wir bringen das zuwege oder wir werden zermalmt." Stalin fordert Beendigung der Lohngleichheit („materielle Gleichheit erst im Kommunismus")

1931/32 *Hungersnot durch Mißernte;* durchschnittlicher Produktionszuwachs geht auf 8,5% zurück; vernachlässigte Industriezweige sollen weiterentwickelt werden. 2. Fünfjahresplan (1933–37), Ziel: Hebung der Arbeitsproduktivität, Verbesserung der Qualität durch Anhebung des techn.-kulturellen Niveaus der Arbeiter – Betriebsberufsschulen und Arbeiterlehrkombinate werden errichtet, Beseitigung des Analphabetentums (1926: 56,6, 1939: 87,4 Lese- und Schreibkundige)

1932/33 *Hungersnot durch Mißernte;* freier Kolchosmarkt errichtet: Verkauf direkt an Verbraucher, kein Zwischenhandel; freier Marktpreis 50–100% über Staatspreis. – Bauernfamilien ziehen in die Städte, wodurch sich Ernährungslage weiter verschlechtert – Volkswirtschaft steht am Abgrund

1933 *neues Erfassungs- und Preissystem: für die meisten landwirtschaftlichen Erzeugnisse werden feste Ablieferungsnormen eingeführt, die im voraus, ohne Ernteergebnis abgewartet zu haben, festgesetzt werden; der Eigenverbrauch der Landwirtschaft sollte reguliert werden, Vorratsbildung verhindert, der Einfluß der Bauern auf den Markt ausgeschaltet werden, damit für den Industrialisierungsprozeß die steigende Menge der Nahrungsmittel und Rohstoffe sichergestellt werden kann.*

1935 Hunderttausende von Arbeitern legen technisches Examen ab; Stachanov-Bewegung eingeleitet.
Musterstatut verlangt Überführung der landwirtschaftlichen Nutzfläche in Kollektivwirtschaften der genossenschaftlichen Kolchosen und der staatlichen Sowchosen. Der einzelnen Bauernfamilie bleibt 1/2 ha zur privaten Nutzung und bescheidene Viehhaltung
Schulgesetz stellt Autorität des Lehrers wieder her;
Einführung von Zeugnissen und Noten (galt seit der NEP als „bürgerlich")

1936 *über 90% Kollektivierung;* Stalin-Verfassung verabschiedet

1939 SU hat den Produktionsumfang nach Frankreich, England und Deutschland überholt, liegt aber bei Pro-Kopf-Produktivität weit zurück.
18. Parteitag: in 10 Jahren Vorsprung einholen!

1940 *Getreideproduktion dreimal höher als 1928/29; bei Fleisch- und Milchversorgung wieder aufgeholt*

Vorschlag für eine Hektographie (Hausaufgabe)

Erzeugung ausgewählter Rohstoffe und Industrieprodukte (1913–1940)

		1913	1917	1928	1940
Elektroenergie	Mrd. kWh	1,9	2,6	5,0	48,3
Erdöl	Mill. t	9,2	8,8	11,6	30,1
Erdgas	Mrd. m³	0,0	?	0,3	3,4
Kohle	Mill. t	29,1	31,3	35,5	165,9
Roheisen	Mill. t	4,2	3,0	3,3	14,9
Stahl	Mill. t	4,2	3,1	4,3	18,3
Traktoren	1000 Stück	–	–	1,3	31,6
Kraftfahrzeuge	1000 Stück	0,0	–	0,8	145,4
Lederschuhe	Mill. Paar	60	50	58	211

(aus Informationen zur politischen Bildung, Folge 139: Die Sowjetunion, S. 22)

13. Stunde:
Industrialisierung und 'Fünfjahrespläne'

Vorbemerkung:

Die Stunde soll die Veränderungen in der Industrie vermitteln, die die sowjetische Gesellschaft bis zur Mitte der dreißiger Jahre entscheidend geprägt haben. Es wird dabei deutlich, daß die Umgestaltung der Landwirtschaft mit der forcierten Industrialisierung zusammentraf. Somit lernen die Schüler den „Stalinismus" als ein sozialökonomisches System kennen, das sich im Zusammenhang mit der forcierten Industrialisierung und der Massenkollektivierung herausbildete (Lorenz, Rußland, S. 322 Anm.).
Die Schüler erkennen dabei, daß die Industrialisierung verspätet, übereilt und mit Zwang durchgeführt wurde und daß dabei sowohl ökonomische Ressourcen als auch der Enthusiasmus der Arbeiter zerstört wurden. Andererseits wird klar, vor welchen Schwierigkeiten die UdSSR stand und mit welchen Mitteln diese beseitigt werden sollten. Zur eigenen Stellungnahme sollen die Schüler durch den Vergleich zweier kontroverser Urteile über die Industrialisierung herausgefordert werden.

Ziele der Stunde:

Die Schüler erkennen
– die Probleme und Maßnahmen der Industrialisierung;
– den Begriff „Stalinismus" als ein sozialökonomisches System;
– die Methoden (und Folgen) der Industrialisierung.

Die Schüler erarbeiten
– an einer Zeittafel wirtschaftspolitische Ziele;
– an Tabellen die Entwicklung der Industrialisierung;
– an Texten Ziele und Methoden der Industrialisierung.

Die Schüler beurteilen
– die Industrialisierung mit Hilfe zweier Äußerungen zu diesem Problem.

Verlaufsskizze:

Unterrichtsschritt 1:

Aus der Zeittafel zur Industrialisierung entnehmen die Schüler die Zielsetzung der NEP, die an der Tafel festgehalten wird. Hervorgehoben werden soll, daß hier durchaus schon die Bedeutung der Schwerindustrie gesehen wurde (siehe Zitat auf der Zeittafel), daß aber die Entwicklung der Schwerindustrie innerhalb eines dynamischen wirtschaftlichen Gleichgewichts erfolgen sollte.

Unterrichtsschritt 2:

Besprechung und Auswertung der Hausaufgabe: Statistik „Erzeugung ausgewählter Rohstoffe und Industrieprodukte 1913–1940"
Erwartete Fragen zur Statistik:
1. Welche Bereiche verzeichnen Steigerungen, welche stagnieren?
2. Welche Aspekte sind bei den Produktionsziffern nicht erfaßt?
3. Welche Zusammenhänge zur Kollektivierung sind erkennbar?
Mögliche Ergebnisse der Auswertung der Hausaufgabe:
Die Statistik zeigt den absoluten Vorrang der Produktionsmittelindustrie gegenüber der Verbrauchsgüterindustrie, der Schwerindustrie gegenüber der Leichtindustrie. Die Folgen dieser einseitigen Verlagerung waren häufig Disproportionen verschiedenster Art (der Ausbau der Komplementärindustrie wurde z. B. häufig übersehen).
Keine Auskunft geben die Zahlen über·die Umstände, unter denen die Produktionssteigerungen zustande kamen (z. B. Konsumver-

zicht der Bevölkerung, Probleme der Planung, der Entfernungen usw.).

Durch die Massenkollektivierung entstand ein enormer Bedarf an Traktoren, Landmaschinen und auch Automobilen, was Forderungen an die Metall- und Erdölindustrie bedeutete.

Die Ergebnisse der Auswertung sind im Tafelbild festzuhalten.

Unterrichtsschritt 3:

Hier wird im Anschluß an die 3. Frage (s. o.) nach den Methoden der Industrialisierung gefragt. Die Schüler erkennen, auf welche Weise widersprüchliche Methoden funktional eingesetzt werden. Diese Methoden lassen sich gut an einem Auszug aus der Rede Stalins „Kampf gegen die Gleichmacherei" (siehe Vorschlag für ein Arbeitsblatt) erarbeiten. Mögliche Fragestellungen:
– Welche Probleme werden von Stalin angesprochen?
– Was fällt dabei besonders auf?

Stalin setzt sich hier mit dem Lohnsystem auseinander.

Zur Leistungssteigerung sollten Lohnabstufungen zwischen leichter und schwerer, qualifizierter und unqualifizierter Arbeit vorgenommen werden, wogegen sich vor allem die Gewerkschaften 'wehrten'. (An dieser Stelle ist es sinnvoll, kurz auf das Stachanov-System einzugehen.) Die von Stalin angeprangerte Fluktuation wurde bald durch administrative Maßnahmen beseitigt: Paßzwang und Arbeitsbuch machten bald einen Arbeitsplatzwechsel schier unmöglich.

Die übrigen Methoden sind durch Lehrervortrag zu ergänzen und an der Tafel festzuhalten (s. Stundenblatt 13, Tafelbild).

Ebenfalls geeignet ist der Text: „Aufruf der Parteikonferenz der KPdSU an alle Arbeiter und werktätige Bauern" von 1929; er ist zu finden in: Weltgeschichte im Aufriß, 3/1, S. 187 f.

Unterrichtsschritt 4:

Zwei kontroverse Texte (aus: „Geschichte der KPdSU" und aus W. Laqueur, in: Schmid, Fragen an die Geschichte, Bd. 4, S. 133) sollen die Frage der Industrialisierung in der UdSSR problematisieren (siehe Vorschlag für ein Arbeitsblatt).

Die Gegenüberstellung der beiden Beurteilungen eignet sich ebensogut als Hausaufgabe.

Vorschlag für ein Arbeitsblatt (zu Unterrichtsschritt 3)

Stalin zum Kampf gegen die „Gleichmacherei"

In einer Reihe unserer Betriebe sind die Tarifsätze so festgesetzt, daß der Unterschied zwischen qualifizierter und unqualifizierter Arbeit, zwischen schwerer und leichter Arbeit fast verschwindet. Die Gleichmacherei führt dazu, daß der unqualifizierte Arbeiter kein Interesse daran hat, sich zum qualifizierten Arbeiter fortzubilden, und somit keine Perspektive hat vorwärtszukommen, sich daher im Betrieb als „Sommerfrischler" fühlt, der nur zeitweilig arbeitet, um „etwas Geld zu verdienen" und dann anderweitig „sein Glück zu versuchen". Die Gleichmacherei führt dazu, daß der qualifizierte Arbeiter gezwungen ist, von Betrieb zu Betrieb zu wandern, bis er schließlich einen Betrieb findet, wo man die qualifizierte Arbeit gebührend zu schätzen weiß.
Daher die „allgemeine" Wanderung aus einem Betrieb in den andern, die Fluktuation der Arbeitskraft.
Um dieses Übel abzustellen, muß man die Gleichmacherei abschaffen und das alte Tarifsystem zerschlagen.
(Haseloff u. a. [Hg.], Die UdSSR, S. 65 f.)

Fragen:
1. Welche Probleme werden von Stalin angesprochen?
2. Was fällt dabei besonders auf?

Vorschlag für ein Arbeitsblatt (zu Unterrichtsschritt 4)

1930–34 in der Sicht der KPdSU

Als Ergebnis der Erfüllung des ersten Fünfjahresplans wurde in unserem Lande das unerschütterliche Fundament der sozialistischen Wirtschaft gelegt, nämlich eine erstklassige sozialistische Schwerindustrie und die kollektive maschinisierte Landwirtschaft aufgebaut, es wurde die Arbeitslosigkeit beseitigt, die Ausbeutung des Menschen durch den Menschen abgeschafft und die Bedingungen für eine ununterbrochene Verbesserung der materiellen Lage und der Erhöhung des Kulturniveaus der Werktätigen unserer Heimat geschaffen.
Diese gigantischen Erfolge sind von der Arbeiterklasse, den Kollektivbauern und allen Werktätigen unseres Landes dank der kühnen, revolutionären und weisen Politik der Partei und der Regierung errungen worden.
(aus: Geschichte der Kommunistischen Partei der Sowjetunion [Bolschewiki] – Gebilligt vom ZK der KPdSU 1938, Berlin 1945, S. 399)

Der Historiker Laqueur, 1967
„... Für Stalin war ... die Industrialisierung und die Kollektivierung kein bloßer Kunstgriff der Wirtschaftspolitik, sondern Mittel, die unmittelbare Kontrolle des totalitären Staates innerhalb kürzester Frist auf die größtmögliche Zahl von Menschen auszudehnen. Die wirtschaftliche Sicht ist außerdem nicht die einzige: was wirtschaftlich vielleicht nötig erscheint, braucht nicht 'wirklich notwendig' zu sein, wenn der Preis an Menschenleben und Verlusten an Wohlstand zu hoch ist."
(aus: Schmid, Fragen an die Geschichte, Bd. 4, S. 133)

Aufgaben:
1. Worin liegen die Unterschiede in der Beurteilung der Industrialisierung?
2. Stellen Sie bitte gegenüber: „Abschaffung der Ausbeutung durch den Menschen" und „Kontrolle des totalitären Staates" und nehmen Sie dazu Stellung!

14. Stunde:
Die sozialen Auswirkungen der Wirtschaftspolitik Stalins

Vorbemerkung:

Stalins „Revolution von oben" hat die „gesellschaftliche Struktur Rußlands weitaus stärker umgestaltet als Lenins Oktoberrevolution" (Ruffmann, Sowjetrußland, S. 114). Diese „Revolution" wird als ein „Umbruch der alten Sozialstruktur" gesehen, der „in der Geschichte anderer Länder kein Beispiel findet" (Lorenz, in: Rußland, S. 346).
Der diesen Umbruch kennzeichnende Wandel der beiden Hauptschichten der sowjetischen Gesellschaft – nämlich der Landbevölkerung und der Arbeiter – und das Entstehen einer neuen gesellschaftlichen Schicht – der „Intelligenz" – sind die Schwerpunkte dieser Unterrichtsstunde.

Zur Darstellung der politischen Folgen der Wirtschaftspolitik ist es möglich, Auszüge aus der Verfassung von 1936 heranzuziehen; dadurch könnte der Begriff „Stalinismus" eine Erweiterung erfahren und als eine „Gesellschafts- und Staatsverfassung" (Helga Schuler-Jung, S. 399) verstanden werden, die „eine exzessiv-machtorientierte Ordnung der Innen- und Außenbeziehungen der Gesellschaft des erklärten Übergangs zum Sozialismus" darstellt (W. Hoffmann).

Ziele der Stunde:

Die Schüler erkennen,
– daß sich durch die Industrialisierung und Massenkollektivierung ein sozialer Umbruch vollzogen hat;
– daß es dabei zu einer Urbanisierung kam;
– daß die sozialen Veränderungen in der

Stadt zu einer sozialen Differenzierung, auf dem Land zu einer weitgehenden Nivellierung führten.

Die Schüler erarbeiten
– an Zahlenmaterial das Ausmaß der sozialen Veränderungen;
– an einem Text die Entstehung und Funktion einer neuen Schicht.

Die Schüler beurteilen
– Texte aus der Forschungsliteratur;
– die Entwicklung der sozialen Veränderungen;
– die Möglichkeiten der Staatsführung, Konflikte zu bereinigen.

Verlaufsskizze:

Unterrichtsschritt 1:

Den Einstieg in diese Stunde bildet eine Aussage von K.-H. Ruffmann (Sowjetrußland, S. 114), die in umgeänderter Form zur Überschrift des Tafelbildes wird: „Stalins ‘Revolution von oben’ hat die gesellschaftliche Struktur Rußlands weitaus stärker umgestaltet als Lenins Oktoberrevolution." Im Unterrichtsgespräch kann die Entwicklung seit 1917 erörtert werden. Ergebnisse brauchen nicht unbedingt fixiert zu werden, da am Ende der Stunde noch einmal auf die Überschrift eingegangen werden soll.

Unterrichtsschritt 2:

Die Landflucht als eine gesellschaftliche Folge der Stalinschen Wirtschaftspolitik wird anhand von Statistiken erarbeitet (siehe Vorschlag für ein Stundenblatt, Statistiken 1 und 2). Als Fragestellungen bieten sich an:
– Was hat sich verändert?
– Wie lassen sich diese Veränderungen erklären?
Der Lehrer sollte im Lehrervortrag die Ergebnisse der Schüler ergänzen, indem er kurz den Verlauf der Abwanderung darlegt. Dabei sollte erwähnt werden, daß in den zwanziger Jahren das Lohngängertum (temporäre Abwanderung) verbreitet war, daß diese Leute einen Teil des Jahres in der Industrie, den anderen Teil in der Landwirtschaft arbeiteten. Am Anfang der Massenkollektivierung kam es zu einem Rückstrom der Arbeiter aus der Stadt; sie wurden in den noch nicht durchorganisierten Kollektivwirtschaften gehalten. Landarbeiter und „Dorfarmut" fanden Arbeit in den Kollektiven. Die meisten Abwanderer aus den Dörfern waren zunächst die durch die Kollektivierung Vertriebenen. Die Hungersnöte von 1931/32 und 1932/33 verursachten die nächste Abwanderung in die Stadt. Die forcierte Industrialisierung benötigte Arbeitskräfte, die durch Anwerbung gewonnen wurden (siehe Zeittafel zur Industrialisierung: 1931 – „Maschinen gegen Menschen"). Da sich die Lebensbedingungen auf dem Land verschlechterten und kaum Lohnanreiz vorhanden war, beschleunigte sich der Abzug in die Städte. Jugendliche und Frauen konnten die freiwerdenden Arbeitsplätze einnehmen.

Aus dem Lehrervortrag ergeben sich folgende Fragen:
– Wie hat sich die ländliche Struktur verändert?
– Wie kann dieser Prozeß bezeichnet werden?
Erwartetes Ergebnis:
Der am Ende der NEP einsetzende Nivellierungsprozeß hat sich auf dem Lande durch die Massenkollektivierung fortgesetzt.
An der Tafel sollten die Situation und die Probleme der Landbevölkerung festgehalten werden.

Unterrichtsschritt 3:

Anhand von weiterem Zahlenmaterial wird die Situation der städtischen Bevölkerung erarbeitet. Aus der Tabelle 3 des Arbeitsblattes geht zwar hervor, daß die Arbeiter „vermögender" waren als die Bauern, doch muß im Lehrervortrag der Schüler mit den sozialen Unterschieden zwischen den Arbeitern vertraut gemacht werden. Es sollte dabei auf die Unterschiede im Lohnsystem eingegangen werden (Stachanov-Arbeiter, Verhältnis 1:20–30 gegenüber unterster Stufe), auf den progressiven Leistungslohn und das Prämiensystem, auf jene Faktoren, die zur Differenzierung in der Lebenshaltung führten. Auch die Zwangsmaßnahmen am Arbeitsplatz gehören in diesen Bereich, ebenso ein Hinweis, daß die Bürokratie mit ihrem Repressionsapparat Partizipation unmöglich machte.

Fragen: Wodurch ist die Situation der Arbeiter gekennzeichnet? Wie ist diese Entwicklung zu bewerten?

Die Ergebnisse sollten an der Tafel notiert werden, wobei wesentlich ist, daß sich in der Stadt ein sozialer Differenzierungsprozeß vollzogen hat.

Unterrichtsschritt 4:

An dem Text des jugoslawischen Systemkritikers Djilas erkennen die Schüler Stellung und Funktion der neuen Schicht der „werktätigen Intelligenz" (siehe Vorschlag für ein Arbeitsblatt, T4).

Fragen:

1. Wodurch ist die neue Schicht gekennzeichnet?

2. Wie verhielt sich die Staatsführung zu ihr? Als zusätzliche Information über die „Intelligenz" sollte der Lehrer einbringen, daß die „nichtproletarischen Schichten" (K.-H. Ruffmann, Sowjetrußland, S. 116) bei den Studierenden 1932 42%, 1939 ca. 66% stellten. 1939 gehörten 54% der Delegierten des 18. Parteitages (nach der „Großen Säuberung") dieser Schicht an.

Frage:

– Welche Probleme ergaben sich dadurch für die Staatsführung?

Gegen die starke Stellung dieser neuen Elite wurden Polizei- und Parteiorgane aktiv. Die neue Schicht war aber nie homogen, blieb zirkulierend und konnte sich daher auch nicht stabilisieren. Ihre Privilegien waren an die jeweilige Funktion gebunden, daher war die Empfindsamkeit staatlichem Druck gegenüber besonders groß.

Unterrichtsschritt 5:

Das in Unterrichtsschritt 1 genannte Zitat des Historikers Ruffmann wird erneut aufgegriffen und aufgrund der gewonnenen Erkenntnisse in einem Unterrichtsgespräch kritisch hinterfragt.

Vorschlag für ein Arbeitsblatt

Die sozialen und politischen Auswirkungen der Wirtschaftspolitik Stalins

	Bevölkerung	
1.	1929	1939
Land	?	ca. 10,2 Mio
Stadt	28,7	56,1 = 19%
2. Zahl der	1926	1939
Städte	709	922
Großstädte (100 000)	31	82
städt. Siedlungen	125	1484

Fragen:

1. Was hat sich verändert?
2. Wie lassen sich diese Veränderungen erklären?

3. Schicht

Schicht	% der Be-völkerung	Anteil am Volks-vermögen
Intelligenz	14	33
Arbeiter	22	33
Bauern	53	29
Zwangsarbeiter	11	2–3

(nach: G. v. Rauch: Geschichte der Sowjetunion, Stuttgart 1969, S. 297)

4. *Zusammensetzung, Umfang und soziale Stellung der „Neuen Intelligenz":*
„Das Monopol, das die neue Klasse im Namen der Arbeiterklasse über die ganze Gesellschaft errichtet, ist hauptsächlich ein Monopol über die Arbeiterklasse selbst. Dieses Monopol ist zunächst ein geistiges, das sie als sogenannte Avantgarde des Proletariats für sich beansprucht, schließlich aber ist es ein allumfassendes."
„Die neue Klasse bezieht ihre Macht, ihre Vorrechte, ihre Ideologie und ihre Gewohnheiten aus einer speziellen Form des Eigentums – aus dem Kollektiveigentum, das die Klasse ‚im Namen' des Volkes und der Gesellschaft verwaltet und verteilt."
„Die neue Klasse ist gierig und unersättlich, genauso wie es die Bourgeoisie war. Sie besitzt aber nicht Tugenden wie Genügsamkeit und Sparsamkeit, die der Bourgeoisie eigen waren. Die neue Klasse ist ebenso exklusiv, wie es einmal die Aristokratie war, ohne aber über die kultivierten Sitten und die stolze Ritterlichkeit dieser Aristokratie zu verfügen."
(aus: G. v. Rauch, Machtkämpfe, S. 30 f.)

Fragen:
1. Wodurch ist die neue Schicht gekennzeichnet?
2. Wie verhielt sich die Staatsführung zu ihr?

Zusätzliche Lehrer-Information zur „Intelligenz"

„Je mehr die Parteiführung von der komplizierten Aufgabe in Anspruch genommen war, eine Gesellschaft zu dirigieren, die sich im Prozeß schneller Industrialisierung befand, desto abhängiger wurde sie von den fachlichen Fähigkeiten der neuen Managerklasse. Von der Mitte der dreißiger Jahre an legte die Partei steigenden Wert darauf, Mitglieder der neuen technischen Intelligenz in ihre Reihen aufzunehmen. Auf dem XVIII. Parteitag 1939 fielen die letzten Schranken: durch eine Abänderung des Parteistatuts wurden die Eintrittsbedingungen für leitendes und technisches Personal gelockert. Die Aufnahme der technischen Intelligenz in die Partei war ein wichtiger Schritt zur Verschmelzung von Partei und Staatsverwaltung. Die proletarische Basis der Partei wurde überlagert, und die veränderte soziale Zusammensetzung der Partei war Ausdruck des wachsenden Gewichts der neuen Funktionärs- und Manager-Elite.
In dem Maße, wie sich die neue Elite herausbildete und feste Form gewann, strebte sie danach, ihre Autorität zu stärken und ihre Privilegien zu erhöhen ... Die Direktoren erhielten größere Machtbefugnisse, und die Einmannleitung wurde allgemein in der Industrie eingeführt. Die Rechte der Gewerkschaften wurden beschnitten und die Grundorganisationen der Partei angewiesen, nicht in Einzelheiten der Betriebsführung einzugreifen, sondern sich auf allgemeine Kontrolle zu beschränken. Die Fabrikdirektoren wurden ermächtigt, über die ihnen anvertrauten Mittel weitgehend frei zu verfügen, solange sie nur ihre Planziele erfüllten."
(Merle Fainsod, Wie Rußland regiert wird, S. 124 f., zitiert nach: Weltgeschichte im Aufriß 3/1, Diesterweg)

15. Stunde:
Das System des 'Stalinismus': 1924–1956

Vorbemerkung:

Dieser Stunde kommt für den Themenblock über 'Die Herrschaft Stalins' eine zusammenfassende und beurteilende Aufgabe zu; denn hier sollen die Schüler das in den Stunden 13 und 14 Erarbeitete und Erfahrene systematisieren und benennen, zum andern soll anhand eines Textes aus der Sekundärliteratur Bekanntes ergänzt und ein epochaler Begriff, nämlich der des 'Stalinismus' erklärt werden.
Dem Lehrer seien hier zur vorbereitenden Lektüre – neben den entsprechenden Kapiteln in den gängigen Gesamtdarstellungen – folgende Schriften empfohlen:

H. Weber, Stalinismus, in: 'Aus Politik und Zeitgeschehen', Beilage zur Wochenzeitschrift Das Parlament, Bd. 4/77 vom 29. Januar 1977

W. Leonhard, Kommunistische Ideologie I, Informationen zur politischen Bildung 178, hg. von der Bundeszentrale für politische Bildung, Bonn

F. Neumann (Hg.), Handbuch der politischen Theorien, Signal Verlag Baden-Baden, 19743/75 (auch als Rowohlt Taschenbuch erschienen: Nr. 6214)

C. D. Kernig (Hg.), Marxismus im Systemvergleich. Grundbegriffe, Bd. 3. Sp. 248–276

Ziele der Stunde:

Die Schüler erkennen,
– daß der 'Stalinismus' ein komplexer Begriff ist und in verschiedenen Bedeutungen verwendet wird.

Die Schüler erarbeiten
– aus einem Text der Sekundärliteratur die wesentlichen Merkmale des Stalinismus.

Die Schüler beurteilen dieses System
– durch einen Vergleich mit den Lehren von Marx und/oder Lenin.

Verlaufsskizze:

Unterrichtsschritt 1:

Vorstellung des Themas und der Funktion der Stunde.
Anhand eines einleitenden Zitats sollen die Schüler Vermutungen äußern zu dem Begriff 'Stalinismus' und dabei Bekanntes mit Vermutungen zu einer Hypothese verbinden:
„Seit Stalins Tagen prägen traumatische Erinnerungen an seine Herrschaft die politische Atmosphäre in der Sowjetunion, und bis zum heutigen Tag lastet sein Schatten auf ihr" (R. Hingley, in: Marxismus im Systemvergleich. Grundbegriffe, Bd. 3, Sp. 267).
Als Gesprächsimpulse könnten folgende Fragen dienen:

– Was meint der Verfasser?
– Was wissen Sie über Stalin?

Unterrichtsschritt 2:

Auswertung eines Textes mit begleitender Lehrbucharbeit und einer Folie.
In diesem Abschnitt der Stunde sollen die Schüler anhand eines Textes (H. Weber, Der Stalinismus; siehe Vorschlag für eine Hektographie) Merkmale und Kennzeichen der Stalinistischen Herrschaft erarbeiten, zusammenfassen und systematisieren. Zum Text werden daher Fragen gestellt, die dieses ermöglichen; z. B.:

– Welche Merkmale stalinistischer Herrschaft nennt der Text?
– Können Sie danach den Begriff 'Stalinismus' definieren?

Die Schülerantworten werden im Tafelbild festgehalten, auf dem der Lehrer Fachbegriffe wie 'demokratischer Zentralismus' ergänzt und kurz erläutert, wobei das Parteistatut der SED herangezogen werden könnte: („Der Organisationsaufbau der Partei beruht auf dem Prinzip des demokratischen Zentralismus. Dieser Grundsatz besagt:

a) daß alle Parteiorgane von unten bis oben demokratisch gewählt werden;

b) daß die gewählten Parteiorgane zur regelmäßigen Berichterstattung vor den Organisationen verpflichtet sind, durch die sie gewählt wurden;

c) daß alle Beschlüsse der höheren Parteiorgane verbindlich sind, straffe Parteidisziplin zu üben ist und die Minderheit sowie der einzelne sich den Beschlüssen der Mehrheit diszipliniert unterordnet" [zit. in: Schmid, Fragen an die Geschichte, Bd. 4, S. 204].)

Der Lehrer müßte dann auf die Bedeutung hinweisen, die die Behauptung der kommunistischen Parteien in sich birgt, die Partei sei die wahre Hüterin der Lehren von Marx, Engels und Lenin.

Die im Text genannte „starke soziale Differenzierung der Gesellschaft" sollte mit Hilfe einer Folie verdeutlicht werden – als Grundlage dafür bietet sich die Darstellung in Schmid, Fragen an die Geschichte, Bd. 4, S. 115, an, deren möglicher Nachteil allerdings ist, daß sie Zahlen nach der offiziellen sowjetischen Statistik von 1975 enthält –, dabei könnte auch ein Rückbezug zur ersten Stunde vollzogen werden.

Zum Personenkult um Stalin wird das Lehrbuch herangezogen oder, wenn dies keine anschaulichen Bilder dafür bietet, Dias eingesetzt, die dies verdeutlichen.

Die Ergebnisse werden systematisiert und an der Tafel festgehalten.

Unterrichtsschritt 3:

Um den Begriff „Stalinismus" nun klar zu definieren und zu erklären, füllen die Schüler in Stillarbeit ein vom Lehrer vorbereitetes Arbeitsblatt aus, das anschließend besprochen und mittels einer Folie korrigiert wird (s. Vorschlag für ein Arbeitsblatt).

Dadurch wird dem Schüler die Vielschichtigkeit des Begriffes 'Stalinismus' deutlich gemacht.

Unterrichtsschritt 4:

Es genügt nicht, nur das Wesen des Stalinismus zu zeigen, vielmehr sollte der Schüler in der Lage sein, das System, unter dem die Sowjetunion und andere Staaten (Baltikum u. a.) litten, ideologiekritisch zu betrachten, etwa durch einen Vergleich mit Marx. Dadurch erreicht die Stunde einen Abschluß, der sie, durch Rückbezug auf das Eingangszitat, zudem abrundet. Es soll hier deutlich gemacht werden, daß der „Stalinismus zwar aus dem (Marxismus-) Leninismus hervorgegangen" ist, daß er aber dennoch eine „Abkehr von mehreren Prinzipien" dieser Lehre bedeutete (W. Leonhard, Kommunistische Ideologie I, S. 36):

Gerade die Stalinsche Lehre vom 'Sozialismus in einem Land' war eine „Abkehr vom revolutionären Internationalismus Lenins" und Marx' (in: Telekolleg II Geschichte, S. 147), „die Loslösung der (UdSSR) vom internationalen revolutionären Kampf, die Konzentrierung auf innersowjetische Probleme" (W. Leonhard, Kommunistische Ideologie I, S. 36). Mit Ruffmann muß man hier aber den Schülern verdeutlichen, daß dieser Wandel vor allem realpolitisch bestimmt war: „Sozialismus in einem Land ist die Konsequenz aus dem Scheitern des ersten weltrevolutionären Anlaufs (1917–1921)" (in: Telekolleg II, S. 147).

Auch die Betonung des 'Sowjetpatriotismus', der Begriffe 'Heimat' und 'Vaterland' widersprach dem ursprünglichen revolutionären Internationalismus und war eher dem bürgerlichen Nationalismus des 19. Jahrhunderts ähnlich; sie diente „genau dem, was Stalin dem bürgerlichen Nationalismus vor-

Tafelbild (15. Stunde)

Das System des ,Stalinismus in der Sowjetunion'

1. Sozialismus in einem Land – realpolitischer Hintergrund Sowjetpatriotismus ⟷ revolutionärer Internationalismus

2. Klassenherrschaft der Technokraten und Bürokraten; Sozialismus ≙ Industrialisierung ⟷ revolutionärer gesellschaftlicher Wandel zur klassenlosen Gesellschaft

---

1. Herrschaft des bürokratischen Apparates

2. Einparteienherrschaft
Parteihierarchie
Parteiherrschaft über alle Bereiche
keine freie Diskussion
dogmatische Ideologie
Scheinfunktion der Volksvertretung
} Demokratischer Zentralismus

3. Unfreiheit, staatlicher Terror } Polizeistaat

4. Gesellschaftliche Differenzierung

5. Planwirtschaft

Willkürherrschaft ohne Beschränkung mit dogmatischer Ideologie!

warf, nämlich von ,den Fragen des Klassen-Kampfes abzulenken'", die entstanden waren durch „die zunehmenden gesellschaftlichen Widersprüche" im Sowjetstaat; auf der einen Seite die Masse der Werktätigen, machtlos, unterprivilegiert, auf der anderen die privilegierte Schicht der Intelligenz, der bürokratischen Apparatschiks und der Funktionäre.

Zielte die Lehre von Marx und Lenin ab auf einen revolutionären gesellschaftlichen Wandel, an dessen Ende die klassenlose Gesellschaft stehen sollte, so war der Stalinismus eine Rechtfertigung der neuen Klassenherrschaft, wurde der 'Sozialismus' reduziert auf die Industrialisierung.

Mögliche Gesprächsimpulse:
– Wodurch unterscheidet sich der Stalinismus vom Marxismus?
– Warum ist diese Zeit ein sowjetisches Trauma?

Das Gesprächsresultat wird im Tafelanschrieb festgehalten!

Hausaufgabe:

Auswertung der entsprechenden Lehrbuchkapitel zur Entstalinisierung.

Vorschlag für ein Arbeitsblatt (15. Stunde)

Der Begriff „Stalinismus" (Zeit zwischen 1924 und 1956)

Die Bezeichnung wird in mehreren Bedeutungen verwendet. Er bezeichnet:
1. eine *historische Epoche:*
   Beginn: 1924   *Lenins Tod, Parteiführung durch Stalin*
                   oder
               1930   *Ausschaltung der innerparteilichen Opposition durch Stalin*
   Ende: 1953   *Tod Stalins*
                   oder
               1956   *XX. Parteitag der KPdSU: Beginn der Entstalinisierung durch Chruschtschow –*
                        „Über den Personenkult und seine Folgen"

2. eine *politische Methode:*
   Bürokratisierung, staatlicher Terror, Despotismus einer Person, übersteigerter Personenkult, Herrschaft der Apparate, Planwirtschaft

3. eine *politische Theorie:*
   „Sozialismus in einem Land", demokratischer Zentralismus und Revolution von oben, „Sowjetpatriotismus", industrieller Aufbau = Aufbau des Sozialismus, Primat der KPdSU im Weltkommunismus

---

(Das kursiv Gesetzte soll von den Schülern ausgefüllt werden und das Ergebnis des Unterrichtsgesprächs widerspiegeln! Die erwarteten Ergebnisse können mittels einer Folie den Schülern vorgelegt werden.)

Vorschlag für eine Hektographie (Unterrichtsschritt 2)

H. Weber, Stalinismus

In den zwanziger Jahren entwickelte sich in der Sowjetunion ein neuartiges politisches und gesellschaftliches System, das wesentlich von Joseph W. Stalin geprägt wurde und das daher mit „Stalinismus" zutreffend definiert ist. Der Stalinismus ging zwar aus dem Leninismus hervor, er bedeutete gleichwohl aber die Negierung vieler Prinzipien des Kommunismus. Auch wenn die Entartung des revolutionären Sowjetregimes zum Stalinschen Polizeistaat bereits in der Lenin-Ära wurzelte, entwickelte sich unter Stalin doch eine durchaus eigenständige neue gesellschaftliche und politische Ordnung.

Werner Hofmann definierte den Stalinismus als „exzessiv machtorientierte Ordnung der Innen- und Außenpolitik einer Gesellschaft des erklärten Überganges zum Sozialismus" (Hofmann, Werner: Stalinismus und Antikommunismus, Frankfurt 1967, S. 13). Der Stalinismus ist m. E. allgemeiner als die Herrschaft der Apparate, der Bürokratie zu kennzeichnen. Auf der Grundlage der revolutionären Veränderungen (Staatseigentum an Produktionsmitteln, Planwirtschaft, Macht der Kommunistischen Partei) bestimmten die Führung und der Apparat (d. h. die hauptamtlichen Angestellten in Partei, Verwaltung, Wirtschaft, Massenorganisationen und Kommunikationsmitteln, das Offizierkorps der Armee und die Geheimpolizei) als politisch und materiell privilegierte Oberschicht über Arbeiter, Bauern und Intelligenz.
Die politische Form des Stalinismus war die kommunistische Einparteienherrschaft; bei völliger Ausschaltung der innerparteilichen Demokratie lag die gesellschaftliche und politische Entscheidungsgewalt und damit die Macht in den Händen der hierarchisch strukturierten Parteispitze. Die Volksvertretungen (Sowjets) wurden nicht von der Bevölkerung, sondern von der Partei eingesetzt und übten lediglich Scheinfunktionen aus. Die Partei beherrschte auch die Staatsverwaltung, die Justiz und die Massenorganisationen, die straff zentralistisch aufgebaut wurden; sie verfügte über das Monopol der Meinungsbildung. Weitere Kennzeichen des Stalinismus waren das Fehlen jeder politischen Freiheit und Diskussion in Gesellschaft, Staat und Partei, die Beherrschung des öffentlichen Lebens und terroristische „Säuberungen" durch die politische Geheimpolizei, Militarisierung und Reglementierung aller Lebensbereiche, Ausschaltung der Grundrechte des Bürgers, chauvinistische Unterdrückung der nichtrussischen Nationalitäten der UdSSR, schließlich eine dogmatische Ideologie („Marxismus-Leninismus"), die die Herrschaft der Apparate verschleiern und absichern sollte und im Personenkult um Stalin gipfelte. Als soziale Merkmale des Stalinismus sind zu nennen: eine starke soziale Differenzierung der Gesellschaft, die Beherrschung der zentralistisch geplanten, verstaatlichten bzw. kollektivierten Wirtschaft durch den Apparat, eine materielle Privilegierung der bürokratischen Oberschicht, das Fehlen jeder ernsthaften Mitbestimmung der Arbeiter und Bauern in der Wirtschaft und im Betrieb, die völlige Unterordnung der Gewerkschaften unter den Löhne und Normen festsetzenden Staat, die Ein-Mann-Leitung in Betrieb und Gesamtwirtschaft. Die Machtausübung im Stalinismus stellte eine politische Willkürherrschaft dar; die despotische Gewalt der Führung war in der Realität weder durch Gesetze noch durch Institutionen beschränkt. (...) Der Stalinismus war Gewalt par excellence, und zwar Gewalt in der barbarischsten Form des Terrors. (aus: 'Aus Politik und Zeitgeschehen', Beilage zur Wochenzeitschrift Das Parlament, Bd. 4/77, S. 5f., Hg. Bundeszentrale für politische Bildung, Bonn)

Aufgaben:
1. Welche Merkmale stalinistischer Herrschaft nennt der Text?
2. Versuchen Sie bitte, den Begriff „Stalinismus" zu definieren!

16. Stunde:
Der XX. Parteitag der KPdSU 1956 und die 'Entstalinisierung'

Vorbemerkung:

Am Ende der Unterrichtseinheit über den Aufstieg der Sowjetunion zu einer der beherrschenden Weltmächte sollte die sog. 'Entstalinisierung' durch Chruschtschow stehen. Einerseits bietet ein solcher Abschluß Gelegenheit zur Wiederholung und zum Vergleich, andererseits dient sie der Einsicht, wodurch sich das heutige Sowjetsystem von dem unter der Diktatur Stalins unterscheidet und was beiden gemeinsam ist. Der Schüler kann Antwort geben auf die Frage, warum in einer Karikatur der Frankfurter Allgemeinen Zeitung vom 14.10.1974 (abgedruckt in: H. G. Herrnleben, Totalitäre Herrschaft, Ploetz-Arbeitsmaterialien, S. 69, T 58) Breschnew als 'Neu-Stalin' gekennzeichnet wird; denn eine völlige Andersartigkeit der innenpolitischen Realität in der Sowjetunion ist nicht festzustellen.

Schließlich bietet sich auch die Möglichkeit einer Klausur an, wobei z. B. ein Auszug aus Chruschtschows 'Geheimrede' auf dem XX. Parteitag als Grundlage dienen könnte. Den Schülern sollte dann u. a. die Aufgabe gestellt werden zu erläutern, was unter dem Begriff 'Entstalinisierung' zu verstehen sei, und sie müßten dies anhand des Textes begründen können.

Der Lehrer kann sich aber auch von der oben genannten Themenstellung völlig lösen und den angesprochenen Vergleich 'Sowjetsystem heute und unter Stalin' direkt im Unterricht behandeln und die 'Entstalinisierung' nur im Zusammenhang eines 'internen Systemvergleichs' besprechen. Material hierzu findet sich u. a. in den „Quellen und Arbeitsheften zur Geschichte und Politik", Klett Verlag Stuttgart:

Rüdiger Thomas, Marxismus und Sowjetkommunismus. Kontinuität und Wandlung. Teil II: Sowjetkommunismus, 1978

Georg v. Rauch, Machtkämpfe und soziale Wandlungen in der Sowjetunion seit 1923, 3/1978

Auszüge aus der Geheimrede Nikita Chruschtschows sind in fast allen Quellensammlungen, die für die Oberstufe angeboten werden, zu finden; neben den bereits genannten beinhalten sie auch:

„Zeiten und Menschen G2" (S. 314–316), dessen Lehrerband auch einen Kommentar zum Text bietet, der dem Lehrer die Interpretation erleichtert;

„Politik und Gesellschaft" Bd. 2 (S. 63–64); H. G. Herrnleben, Totalitäre Herrschaft (S. 57 f.).

Warum die Verfasser vom XX. Parteitag der KPdSU 1956 ausgehen, bedarf einer kurzen Begründung:

1. war er der erste Parteitag der KPdSU nach Stalins Tod; die Zusammensetzung der Delegierten hatte sich verändert, Machtkämpfe waren im Gange, Neuerungen v. a.

auf wirtschaftlichem Gebiet waren zu erwarten;

2. wurden hier Prozesse eingeleitet, die nicht nur die Sowjetunion selbst betrafen, sondern auch „einen deutlichen Einfluß auf die Weltpolitik gehabt haben" (M. Wilke, Vorbemerkung, in: Aus Politik und Zeitgeschehen. Beilage zur Wochenzeitung Das Parlament, B 4/77 vom 29. 1. 1977, Hg. Bundeszentrale für politische Bildung, S. 3);

– in der UdSSR erfolgte ein „Abbau des terroristischen Gewaltapparates" durch eine Kontrolle der Staatssicherheitsorgane – ihre Zahl wurde zudem verringert durch die Partei und ihre Gremien; ermordete Parteimitglieder wurden rehabilitiert, Gefangene freigelassen – dennoch gab es und gibt es in der UdSSR politische Gefangene, Straflager.

Dies war nach M. Wilke (S. 3) „Voraussetzung für das Entstehen eines intellektuellen Klimas im Westen, das eine Überwindung der Gräben des Kalten Krieges durch eine Entspannungspolitik (...) ermöglichte".

– Zwar war die „Selbstkritik der sowjetischen Führung" nur halbherzig – es ging Chruschtschow auch um seine persönliche Macht –, aber sie „verursachte im nach außen scheinbar fest und monolithisch auf Moskau ausgerichteten Weltkommunismus eine tiefe Glaubenskrise" (M. Wilke, S. 3) und gefährdete, ja beseitigte letztlich die bislang nur durch Tito ernstlich in Frage gestellte Hegemonie Moskaus im Weltkommunismus.

Neben den Kommunismus sowjetischer Prägung traten das jugoslawische Modell des 'Titoismus', das chinesische des 'Maoismus' und der sog. 'Eurokommunismus', v. a. in Italien und Spanien.

– der XX. Parteitag brachte den Ausgleich mit Tito und leitete den Bruch mit dem China Mao Tse-tungs ein, aber auch die permanente Konfrontation mit dem „immer wieder aufbrechenden Nationalkommunismus" (M. Wilke, S. 3) innerhalb des östlichen Bündnissystems: Ungarn und Polen 1956, CSSR 1968, Rumänien.

– Der XX. Parteitag war auch für das Aufleben der inneren Opposition innerhalb der Sowjetunion von ungeheurer Bedeutung, wenn auch erst nach dem XXII. Parteitag 1961 öffentliche Kritik an Stalin geübt werden durfte und das Klima sich besonders nach Chruschtschows Entmachtung im Oktober 1964 wieder verschärfte. „Seither ist die Möglichkeit einer Erinnerung an die Stalinschen Verbrechen und die Schuld der Partei ein Indikator für das jeweils herrschende Maß an politischer ‚Freiheit in der Sowjetunion" (APuZG 4/77, S. 32).

Eine Alternative, deren Ausgangspunkt ebenfalls der XX. Parteitag der PKdSU sein könnte, wäre ein näheres Eingehen auf die 'Spaltung im Weltkommunismus' mit dem möglichen Schwerpunkt auf die ideologische Auseinandersetzung zwischen dem kommunistischen China und der Sowjetunion.

Auf nähere Angaben zu einem möglichen Stundenverlauf und auf ein Stundenblatt wurde verzichtet, weil die Gestaltung des vorgeschlagenen Abschlußthemas ganz von der Situation in der jeweiligen Unterrichtsgruppe abhängt.

Stundenblätter
Geschichte/
Gemeinschaftskunde

Sekundarstufe I

Becker, Horst
Recht
Klettbuch 927781

Geisler, Siegmund/
Winkler, Andreas
Sicherheitspolitik
Klettbuch 927181

Greber, Ludwig/
Wurster, Karl-Heinz
Die Französische Revolution
Klettbuch 927631

Hagen, Thomas
**Die Entwicklung
in Deutschland 1815–1850**
Klettbuch 927761

Jösel, Martin
**Alexander der Große/
Die Diadochenreiche/
Alexandria**
Klettbuch 927771

Eick, Hans-Joachim
Massenmedien
Klettbuch 927842

Maier, Gerhart
Die Attische Demokratie
Klettbuch 927791

Maier, Gerhart/
Müller, Hans Georg
Der Absolutismus
Klettbuch 927111

Meyer, Horst/
Winkler, Andreas
DDR
Klettbuch 927792

Müller, Hartmut
**Imperialismus und
Erster Weltkrieg**
Klettbuch 927681

Müller, Hartmut
**Der Nationalsozialismus:
Die große Täuschung**
Klettbuch 927531

Schmidt, Peter
Die Römer in Deutschland
Klettbuch 927841

Schröer, Karin
Familie
Klettbuch 927793

Steigerthal, Hans-Joachim
**Reformation
und Gegenreformation/
Glaubenskriege**
Klettbuch 927711

Waag, Gertrud
**Arbeits- und
Produktionsformen –
Von der Steinzeit
zur Industrialisierung**
Klettbuch 927751

Stundenblätter Geschichte/ Gemeinschaftskunde

Sekundarstufe II

Blumenthal, Hans Ulrich/
Schlenker, Michael
**Industrielle Revolution
und Soziale Frage**
Klettbuch 927621

Deichmann, Carl
Politische Parteien
Klettbuch 927551

Deichmann, Carl
**Demokratie – Theorien
und Modelle**
Klettbuch 927795

Emde, Reimund
Soziale Ungleichheit
Klettbuch 927741

Emde, Reimund
Konjunkturpolitik
Klettbuch 927732

Göbel, Walter
**Deutschlandpolitik im
internationalen Rahmen**
Klettbuch 927671

Größl, Wolf-Rüdiger/
Herrmann, Harald
**Die Russische Revolution
und die innere Entwicklung
der Sowjetunion
bis zum XX. Parteitag**
Klettbuch 927651

Größl, Wolf-Rüdiger/
Herrmann, Harald
**Das Dritte Reich – Beispiel
eines faschistischen Staates**
Klettbuch 927721

Maier, Gerhart/
Müller, Hans Georg
Die Weimarer Republik
Klettbuch 927121

Mühlhoff, Friedbert/
Reinhardt, Sibylle
Rollentheorie
Dahrendorfs
,,Homo Sociologicus''
in der Sekundarstufe II
Klettbuch 927541

Reimer, Manfred
**Internationale Wirtschaftsbe-
ziehungen – Währungspolitik
in der westlichen Welt**
Klettbuch 927733

Scholdt, Günter
Deutschland nach 1945
Klettbuch 927691

Schulreich, Heimo
**Die Entwicklung des
Parlamentarismus in
Deutschland 1848–1918**
Klettbuch 927521